四川省2018—2020年高等教育人才培养质量和教学改革项目（JG 2018-1025）
四川省第二批职业院校紧缺领域教师技艺技能传承创新平台　　　　　　　　　联合资助
四川省教育厅2018年科研项目（18ZB0393）

公路隧道健康状况评估标准量化研究

邓　林　谢立广　著

西南交通大学出版社
·成　都·

图书在版编目（CIP）数据

公路隧道健康状况评估标准量化研究 / 邓林，谢立广著. —成都：西南交通大学出版社，2021.8
ISBN 978-7-5643-8239-1

Ⅰ.①公… Ⅱ.①邓… ②谢… Ⅲ.①公路隧道–评估–研究 Ⅳ.①U459.2

中国版本图书馆 CIP 数据核字（2021）第 181272 号

Gonglu Suidao Jiankang Zhuangkuang Pinggu Biaozhun Lianghua Yanjiu
公路隧道健康状况评估标准量化研究
邓　林　谢立广　著

责 任 编 辑	韩洪黎
封 面 设 计	何东琳设计工作室
出 版 发 行	西南交通大学出版社 （四川省成都市金牛区二环路北一段 111 号 西南交通大学创新大厦 21 楼）
发行部电话	028-87600564　028-87600533
邮 政 编 码	610031
网　　　址	http://www.xnjdcbs.com
印　　　刷	四川森林印务有限责任公司
成 品 尺 寸	170 mm×230 mm
印　　　张	8.5
字　　　数	109 千
版　　　次	2021 年 8 月第 1 版
印　　　次	2021 年 8 月第 1 次
书　　　号	ISBN 978-7-5643-8239-1
定　　　价	48.00 元

图书如有印装质量问题　本社负责退换
版权所有　盗版必究　举报电话：028-87600562

前言
PREFACE

我国是一个多山的国家，随着高等级公路的快速发展，公路隧道日益增多。同时，公路隧道断面大、支护结构形式多样、施工技术复杂、运营管理监控技术相对落后，各种病害如渗漏水、衬砌裂损、衬砌冻害、衬砌腐蚀等尤为普遍，严重影响了公路隧道的正常运营，因此对公路隧道运营的健康状况评估非常重要和迫切。

针对公路隧道做合理有效的养护，需要正确评估隧道的健康状况。交通部发布的《公路隧道养护技术规范》（JTG H12—2015）为隧道养护提供了具体的技术标准，其中多数是定性的技术状况描述，这给现场的技术人员带来不少困难。本书主要从量化评价的角度出发，通过四川省职业教育教师技艺技能传承创新平台项目、四川省教育厅2018—2020年高等教育人才培养质量和教学改革项目——深度校企合作下的高职教育人才培养新模式-卓越工长培养计划项目支持，开展了大量的研究工作，取得了一定的研究成果，可为同类工程提供借鉴。

本书由四川建筑职业技术学院邓林和四川交通职业技术学院谢立广共同撰写完成。全书共分为5章和2个附录。第1章绪言对项目的研究意义、研究现状、研究内容及研究方法做了简要介绍；第2章现行养护规范研读，重点阐述了规范关于隧道健康评估的方法和不足；第3章模糊数学方法研究，比较了模糊评估与规范评分之间的差异；第 4 章均衡健康模型探索，提出了均衡评估模型，即通过隧道相关物理力学参数（围岩压力和地层抗力）分布的均匀性和平衡性来推断或评价隧道健康状况的算法或模型，该模型计算涉及大量的力学分析、安全验算和模糊统计等，其方法和结论可供同类研究或隧道养护实践参考；第 5 章结语对相关研究成果进行了总结；附录列出了相关 VBA 程序和部分隧道病害照片。

在此特别感谢四川省交通运输厅公路规划勘察设计研究院李玉文正高级工程师和邓刚博士、重庆交通大学林志教授、甘孜藏族自治州公路管理局隧道和路网应急管理中心邓雄、中国电建集团成都勘测设计研究院有限公司沈习文等对本书内容所涉及研究项目的支持和协助。同时，感谢师弟丁大攀提供了大量与隧道相关的统计数据，同学邓彬提供了部分工程案例。在本书编写过程中，还得到了很多同行和专家的指导帮助，在此致以真诚的感谢！

限于研究程度和作者水平，本书在某些方面未能深入，不足之处在所难免，恳请各位读者批评指正！

作 者

2021 年 6 月于成都

目录

CONTENTS

第1章 绪 言
1.1 项目简介　/002
1.2 研究意义　/003
1.3 研究现状　/004
1.4 研究内容　/010
1.5 研究方法　/011

第2章 现行养护规范研读
2.1 概　述　/013
2.2 隧道养护工作流程　/014
2.3 技术状况评定方法　/018
2.4 技术状况评定标准　/021
2.5 本章小结　/027

第3章 模糊数学方法研究
3.1 概　述　/029
3.2 模糊综合评判方法　/030
3.3 隧道健康评价模型　/036
3.4 工程案例及分析　/039
3.5 本章小结　/046

第 4 章　均衡健康模型探索
　　4.1　概　述　　/048
　　4.2　均衡数学模型　/049
　　4.3　内力计算程序　/052
　　4.4　综合安全系数　/073
　　4.5　算例及分析　　/077
　　4.6　本章小结　　/093

第 5 章　结　语
　　5.1　本阶段主要结论　/095
　　5.2　下一步研究方向　/096

参考文献　/097

附录 A　VBA 程序代码　/103

附录 B　部分隧道病害照片　/119

第 1 章

绪 言

1.1 项目简介

鉴于我国公路隧道相对落后的运营管理现状，隧道养护是目前行业必须面对的重要课题。对公路隧道做合理有效的养护，需要正确评估隧道的健康状况。然而，由于涉及系统且复杂的诸多内容，至今行业未能建立相对完善的公路隧道健康评估标准体系，距离实用尤为任重而道远。因此，在本项目中开展一些研究，是非常必要的。

本项目研究的主要内容包括：现行养护规范研读、模糊数学方法研究和均衡健康模型探索等。其中，"现行养护规范研读"旨在阐述规范关于隧道健康评估的方法，分析和总结其不足之处；"模糊数学方法研究"旨在介绍模糊数学方法的特点，比较其与规范采用方法之间的差异；而"均衡健康模型探索"是本项目研究的重点和主要创新点，其中提出了均衡评估模型，即通过相关物理力学参数分布的均衡性，来推断公路隧道的健康状况。

本项目研究的主要结论为：（1）现行养护规范关于隧道健康评估的方法，是一种定性结合定量的方法，但主要还是以单纯的现象分析、经验类比为依据；它倾向以局部的最不利状况来评价隧道的整体，不太符合我们的认知习惯。（2）模糊评判法比较适用于评价隧道健康状况，它具有更为严谨的数学表述，是未来努力的方向。从实用性的角度，模糊评估在因素权重、技术标准和隶属函数等方面还需深入研究。（3）采用均衡模型评估隧道健康状况是行之有效的，该模型通过隧道围岩压力和地层抗力分布的均匀性和平衡性，来推断或评价隧道健康状况，概念比较清晰且具有较强的针对性。

1.2 研究意义

我国是一个多山的国家，随着高等级公路的发展，公路隧道日益增多。据不完全统计，截至 2015 年底，全国运营公路隧道有 14 006 座，总里程为 12 683.9 km，运营铁路隧道高达 13 411 座，总里程为 13 038 km，在建铁路隧道为 3 784 座，总里程为 8 692 km。单就四川省而言，根据四川省交通运输厅公路局官网信息，截至 2017 年底，全省共有各类公路隧道 1 089 座，上下行合计长 1 181.69 km。如今我国在世界上已成为名副其实的隧道赋存环境最复杂、隧道现存数量最多和今后隧道建设发展最快的国家之一。

隧道建成后，围岩范围内原有的各种平衡被打破，隧道支护体系将经历较长的调整期才能达到足够稳定的状态。基于不同的气候和地质条件、设计与施工水平，运营隧道在调整期必然出现不同程度的病害，进而影响隧道的运营安全、结构安全乃至使用寿命等。

公路隧道断面大、支护结构形式多样、施工技术复杂、运营管理相对落后，各种病害尤为普遍而且严重。国内外调查研究表明，常见的病害包括渗漏水、衬砌裂损、衬砌冻害、衬砌腐蚀等。1990 年日本公路协会对总长 1 970 km 的 4 307 座正运营公路隧道进行了现场调查，结果发现约 60%隧道存在衬砌开裂及渗漏水等病害，还有近 24%的隧道存在材料劣化现象。德国、意大利等欧洲国家也有数量不等、严重程度不同的病害隧道。隧道的各种病害导致衬砌实际承载力下降，严重威胁着隧道安全，有大量因主体结构严重开裂等工程病害影响行车安全和中断交通的报道。如 1999 年 6 月 27 日，日本山阳新干线福冈隧道发生了衬砌混凝土剥落，造成列车破损的重大事故。2003 年湖南浏永公路蕉溪岭一号隧道拱顶混凝土塌落，塌落的混凝土重达 0.2 t，隧道拱顶深处甚至露出岩石，造成隧道封闭 17 小时。

我国目前 20%～30%的公路隧道处于病害发育的亚健康状态（陈洪凯，2005），相关统计数据表明，截至 2014 年底，四川省约 10%的高速公路隧道存在异常情况，约 40%的普通公路隧道存在安全隐患，因此对运营公路隧道的养护是非常重要和迫切的。随着公路隧道的大量建设和使用，行业内部越来越认识到公路隧道养护工作的重要性。

针对公路隧道做合理有效的养护，需要正确评估隧道的健康状况，国内外同行为此做了较多相关的理论研究和实践经验总结。然而，由于该项技术的复杂性，建立相对完善的公路隧道健康评估标准体系任重而道远。2015 年，交通运输部发布《公路隧道养护技术规范》（JTG H12—2015），为隧道养护提供了具体的技术标准，其中多数是定性的技术状况描述，这给现场的技术人员带来不少困难，量化评价或是解决问题的途径。本项目在一定范围内尝试量化公路隧道健康评估标准，研究结论或能启发同类研究的深入，仅供参考。

1.3 研究现状

隧道健康状况评估，也有称安全评价，还有称健康安全评价，这些不同的称谓可能导致一些不必要的麻烦，宜采用统一的表述。笔者认为包含"健康"一词更为恰当。健康是指隧道系统在运营过程中的良好状态，与此类似，日本采用"健全度"的概念，美国采用"损伤度"的概念；而安全是指隧道系统不受威胁，没有危险，更适用于表述施工过程或运营交通的相关内容，比如施工安全技术和交通安全管理等。

隧道健康状况评估，相关的研究历史并不长，但从一开始就受到了各国专家学者的普遍关注和高度重视，目前已取得比较丰富的研究成果，在笔者看来，这些成果的主流大致可分为三类，即标准评分法、力学分析法以及模糊评估法。

1.3.1 标准评分法

标准评分法是根据经验将隧道病害划分为若干子项，每项根据检测情况按一定的技术标准进行评分，然后根据各项评分对隧道的健康状态进行综合评价，但主要还是以单纯的现象分析、经验类比和定性分析为依据。由于将原本复杂的问题过于简单化，所以有可能导致评价结论失真和难以准确地分析病害原因，但它具有数学概念清晰、操作简便易行等优点，容易为大多数技术人员所接受，各国相关的行业标准和规范基本上都采用此类方法。

法国国营铁路公司（SNCF）在20世纪80年代制定了铁路隧道养护标准，标准中包含了铁路隧道的检查方法、状态评价方法、例行维护方法和实用的修补方法。该隧道养护标准主要是给出了铁路隧道检查和维修的方法，对铁路隧道健康状态的判定主要是参考检测数据进行定性判定，没有给出定量评价隧道健康状态的方法（Eraud，1984）。

德国铁路隧道设计、施工与养护规范（DS853）中的《人工建筑物的监控和检查规范》规定：每隔三年必须由联邦铁路局的专家对铁路隧道做一次检查，对新建隧道从第一次鉴定时起不超过25年的，准许每隔6年进行一次检查。检查包括隧道所有部位及其所属设备，尤其应注意早期情况的变化，以判断隧道的安全、运营和工作状态，并按隧道的损坏情况将单项的病害程度划分为三级。

日本从20世纪80年代起，在铁路隧道、水工隧洞中引入"健全度"的概念，对结构物的剩余寿命进行评估。2000年，日本公路协会编写了《公路隧道维护管理便览》，提出了隧道健全度等级和变异的判定准则及对策，将隧道划分为3A、2A、A、B和S等安全等级，根据经验将病害分为外力、材料劣化、渗漏水病害，分别提出了外力崩塌、变形、开裂剥落、错台、开裂的变形判断基准。

2004年，美国《公路和铁路交通隧道检查手册》给出了隧道的检测方法和程序，将隧道的结构安全划分为 0～10 级，并给出了相关等级的分级标准和判定基准，其中提出了定性评价隧道健康状况的标准，将一些隧道缺陷分为轻度、中度和严重三个等级。

2015 年，我国交通运输部发布了《公路隧道养护技术规范》（JTG H12—2015），该规范引入结构技术状况评定的内容，按技术状况评分值将隧道结构分为 1～5 类，分别表示完好状态、轻微破损、中等破损、严重破损、危险状态。

1.3.2　力学分析法

力学分析法是在分析隧道病害调查和检测结果的基础上，建立隧道力学计算模型以分析隧道结构的健康状态。由于无法对所有的隧道病害都建立力学计算模型，而隧道的工作状态又是十分复杂的问题，它是受各种因素综合作用的结果，所以此类方法可用于具体的或特定的案例分析或者相关标准的研究，但很难准确诊断一般隧道结构体系的健康状况。

宋瑞刚等（2004）针对铁路运营隧道病害的检测结果，对衬砌背后空洞进行平面弹塑性计算分析，得出不同位置、不同大小的空洞以及空洞群对结构各截面安全系数影响的系统认识，明确提出衬砌结构与围岩结合的不紧密性是恶化衬砌受力条件、造成围岩进一步松动、进而造成衬砌裂损的一个重要原因。

罗鑫（2006）等使用同济曙光 GeoFBA，对计算模型进行平面的弹塑性分析，得到了衬砌背后不同位置及尺寸空洞对隧道结构内力的具体改变，以此来分析空洞对于拱脚结构内力的影响。

刘海京（2007）根据隧道病害现状，提出基于隧道健康诊断和结构计算模型的隧道病害分类方法和参数量化方法，利用荷载-结构方法建立衬砌裂缝、材料劣化、厚度不足、背后空洞四类病害的简化力学模型。

Bemardino chiaia 等（2008）建立了隧道纤维钢筋混凝土衬砌的评价模型，可预测裂缝产生的宽度、间距和深度。彭跃（2008）通过数值模拟病害隧道的典型断面，得出拱部内力以及安全系数，提出隧道衬砌背后任何位置出现空洞，均对隧道结构的安全系数有影响，且随着空洞直径的增大，安全系数受影响的程度也越大。

Breitung W（2008）等采用刚度退化模型计算了裂缝对隧道衬砌结构安全性的影响规律。H.H.Mo（2008）和 J.S.Chen（2009）运用三维有限元程序对盾构隧道管片衬砌在顶推力作用下相邻管片发生扭转条件下的裂缝状态进行分析，通过计算得出：盾构隧道管片衬砌裂缝主要发生在接缝、螺栓孔、吊装孔等位置，且在正常荷载下管片衬砌内外侧弧段不会出现裂缝。

秦洲（2013）根据隧道实际病害情况，建立了基于荷载-结构法荷载计算原理的衬砌结构安全性计算模型，通过计算分析了衬砌开裂、厚度不足、强度不足、衬砌背后空洞等单项病害和组合病害对衬砌安全性能的影响程度，得出了相应病害对于隧道衬砌结构安全性能的影响规律。

孟庆威（2013）采用载荷结构法和 ABAQUS 软件建立了无损衬砌、含背后空洞衬砌、含局部厚度不足衬砌、含混凝土强度劣化衬砌和含衬砌裂缝四种有限元分析模型，其中衬砌背后空洞模型的建立采用去除空洞部分对应载荷及支撑弹簧的方式。分别研究了不同程度病害发生位置位于拱顶、拱腰、边墙和拱脚时衬砌的变形、内力及安全系数，得到了病害程度与衬砌整体安全性下降程度的关系，并给出了关于衬砌病害定量评价的推荐分级标准。

刘学增等（2012，2015）基于荷载-结构模型，开展了带裂缝钢筋混凝土衬砌和裂损隧道在偏压荷载作用下的模型试验，并基于衬砌结构荷载试验提出带裂缝隧道衬砌梁弹簧计算模型，定量分析裂缝深度、位置以及地层抗力对衬砌结构承载力的影响，并提出了裂缝深度与极限承载力关系的公式。

刘新根（2015）基于荷载-结构法隧道计算理论，建立了公路隧道衬砌的裂缝、材料劣化、空洞、附加荷载等病害的力学评价模型，研制了公路隧道衬砌病害力学模拟分析软件，通过计算表明：衬砌裂缝和空洞的存在均会降低结构的安全系。

1.3.3 模糊评估法

模糊评估法，它根据隧道调查和检测数据，利用模糊数学及相关的基本原理建立隧道健康状况的综合评价模型。此类方法在理论上比较符合隧道健康评价的实际情况，也是研究的热点之一，但目前的实际应用并不多，它在评价指标的选取、指标体系的建立、指标的定量判定标准、指标权值的确定方法、评价模型的建立等方面都还有待于进一步研究（罗鑫，2007）。

姜松湖等（1992）以层次分析法为基础，结合模糊数学理论研究了铁路隧道健全度判定模型，提出了以"检测-判定-诊断-决策"为基础的铁路隧道病害变异诊断专家系统的合理结构，从而在国内首次把人工智能技术应用于隧道的养护与诊断。

罗鑫（2007）分析了模糊综合评价方法中隶属函数的确定模糊算子的选择和模糊综合评价结果向量的分析等几个重要问题，在此基础上建立了公路隧道健康状态的模糊综合评价模型。

于伟达（2010）借鉴现阶段桥梁、汽车，航空等领域结构安全评估的已有成果，概述现有安全评估方法，比较其优缺点，选用模糊神经网络技术作为隧道衬砌裂缝安全评估的方法。根据衬砌裂缝安全判定标准，建立模糊神经网络的安全评价模型，将裂缝监测数据作为样本输入模型进行模糊评价，得出隧道衬砌裂缝的安全评价结果。

李明（2011）通过构造可变模糊集的相对差异度函数，得出了隧道健康模糊综合评价动态模型。杨艳青（2012）应用模糊数学理论，提出了运营铁路隧道衬砌安全性三级模糊综合评价方法。王亚琼等（2015）运用模糊理论、灰色系统理论和信息熵理论，构建了基于非对称贴近度判定隧道结构健康状态的评价模型。

孙可（2015）等提出了一类专用的模糊层次分析综合评价模型，建立6层指标评价体系，并建立对应的分层模糊因子集、评价集、权重集与隶属函数。形成了形式简洁的模糊综合算子，实现了对单类监测因子、单个监测管片、单个监测环以及隧道全线健康状态的分级模糊综合评价，构建了渗漏等级评价指标体系和递阶层次评价结构。

奂炯睿（2015）采用层次分析法将隧道病害分为三级指标，利用可拓学理论确定各因素的权重，形成权重集，利用权重集与单因素模糊评价矩阵的合成算法，最终得到隧道病害模糊评价模型，并将量化的评价结果与现行规定中的评价等级进行对应。

苏亮亮（2016）等运用层次分析法建立健康评价指标体系，依据相关规范确定了公路隧道结构健康状态评估指标的 4 个评价等级，同时对各评价指标进行了无量纲处理；将层次分析法与熵权法组合确定权重，克服了传统权重确定中的主观随意性问题，最终采用灰色聚类理论、层次分析法和信息熵理论构建了基于灰色定权聚类的隧道结构健康状态的评价模型。

傅鹤林（2017）等建立反映盾构隧道结构健康状况等级评语集的正态云模型，然后依据逆向云发生器原理，将隧道结构健康状态指标的监测数据的归一化结果值转化为隶属度云模型。将健康状态指标的重要性语言值转化为权重云，用于表征各健康状态指标的重要程度。最后运用云理论的计算方法对隧道结构健康状态等级进行诊断，得到健康状态等级诊断结果的云模型。

1.4 研究内容

本项目研究的主要内容包括三个方面：现行养护规范研读、模糊数学方法研究和均衡健康模型探索。

现行养护规范研读，通过研读现行行业标准《公路隧道养护技术规范》以下简称"规范"，归纳了公路隧道养护工作流程，整理了土建结构技术状况评定的相关要求和技术标准，列举了一些值得注意的细节和存在问题。

模糊数学方法研究，首先介绍模糊综合评判的基本方法和步骤，然后参照《规范》内容构建了隧道衬砌的健康评价体系和评价指标，最后结合具体案例进行了模糊评判的计算，并与《规范》中评分的方法进行对比分析，总结了模糊评估的特点和实用价值。

均衡健康模型探索，是本项目研究的重点和主要创新点，其中提出了均衡评估模型，即通过相关物理力学参数分布的均衡性，来推断公路隧道的健康状况。均衡评估模型，首先建立隧道荷载结构力学模型，其中的围岩压力和地层抗力是按设定限值随机分布的，根据该力学模型计算大量工况的结构内力分布，进而计算相应的结构安全系数；其次，按一定的统计指标来界定上述工况围岩压力和地层抗力分布的均衡程度；最后，统计上述工况围岩压力和地层抗力分布的均衡程度与结构安全系数之间的关系，探索其中的规律。

1.5 研究方法

本项目研究的方法包括文献研究、归纳总结和理论分析等。首先查阅国内外隧道养护相关的规范和标准，尤其是我国的《公路隧道养护技术规范》，以及国内外隧道养护相关的技术文献，了解隧道养护技术相关理论和实践的现状；其次分析目前隧道健康状况评估的各种方法，归纳总结相关的技术特点和在实际应用中存在的问题；最后是理论分析，本项目提出了均衡健康评估模型，该模型主要采用了力学分析、结构验算和模糊统计的方法，相关计算通过常用的结构分析软件和自编 VBA 程序完成。

第 2 章

现行养护规范研读

2.1 概 述

2015 年，交通运输部发布了《公路隧道养护技术规范》(JTG H12—2015)，作为公路工程行业标准，自 2015 年 3 月 1 日起施行，原《公路隧道养护技术规范》(JTG H12—2003)同时废止。与原规范相比，新规范从养护检查、病害处置、安全管理等方面进行修订，并重点引入了分级养护和结构技术状况评定的内容，对节约养护成本、降低资源消耗、提高运营安全意义特别重大。

新规范立足于国内公路隧道养护的成熟技术和成功经验，同时适当吸取国外经验及成果，在原规范的基础上全面修订而成。可以认为，新规范是国内公路隧道养护领域成熟技术的集大成者。本章研读新规范的目的，主要在于归纳和总结相关的技术要求，了解相关的技术进展或者存在的问题，为后面章节的研究提供依据、拓展思路。

本章在研读《规范》要求的基础上，归纳了公路隧道养护工作流程，此流程是理解和掌握《规范》整体内容的线索；整理了土建结构技术状况评定的相关要求和技术标准，这是《规范》新增的内容，它详细地描述了《规范》关于隧道健康评估的方法，也是本章研究和阐述的重点；列举了《规范》一些值得注意的细节和存在的问题。

通过研读《规范》，尤其是土建结构技术状况评定的相关内容，可以看出，《规范》关于隧道健康评估的方法，是一种定性结合定量的方法，但主要还是以单纯的现象分析、经验类比为依据。它具有概念清晰、操作简便等优点，容易为大多数技术人员所接受。另外，通过归纳总结《规范》，为编写四川省地方标准《普通干线公路隧道预防性养护技术规程》初稿提供了素材。

2.2 隧道养护工作流程

《规范》包括 8 章和 4 个附录，与本次研究主题相关的内容包括：第 3 章，养护等级与技术状况评定；第 4 章，土建结构；附录 A，土建结构检查记录表；附录 B，土建结构技术状况评定标准；以及相应的条文说明等。通过研读、归纳和总结上述内容，绘制公路隧道土建结构养护工作流程图，作为理解和掌握《规范》整体内容的线索，如图 2.2.1 所示。

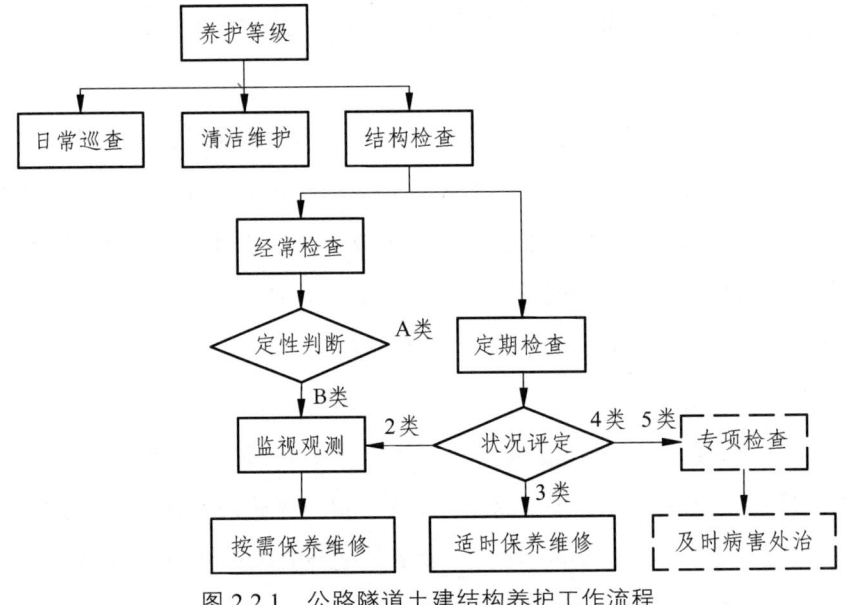

图 2.2.1 公路隧道土建结构养护工作流程

图 2.2.1 表达的主要内容包括：（1）应先确定养护等级，按照养护等级实施日常养护，并在日常养护过程中进行定性判断或状况评定；再根据定性判断或状况评定的结果选择监视观测、保养维修或其他措施。（2）土建结构检查应包括经常检查、定期检查、应急检查和专项检查，专项检查应根据经常检查、定期检查和应急检查的结果，对于需要进一步查明缺陷或病害的详细情况的隧道，进行更深入的专门检测、分析等工作，参见《规

范》4.4.1。（3）经常检查以定性判断为主，经常检查破损状况判定分为情况正常、一般异常、严重异常三种情况，严重异常应采取措施进行处治；若情况不明，一般异常者应做定期检查，严重异常者应做专项检查，参见《规范》4.4.3。（4）专项检查的目的是为制订病害处治方案提供基础资料，更多情况是针对破损或病害局部开展的检查，专项检查不适合技术状况评定，参见《规范》条文说明 4.5.1。（5）1 类隧道进行正常养护；2 类隧道按需进行保养维修；3 类隧道对局部实施病害处治；4 类隧道应进行交通管制，尽快实施病害处治；5 类隧道应及时关闭，随即实施病害处治，参见《规范》4.5.6。

公路隧道由于其建设质量、规模、交通量、所处线路等差异，结构技术状况的发展变化情况并不一致，其养护需求也不一致，细化养护需求、施行差异化养护管理是公路隧道养护专业化、精细化和合理配置养护资源的要求。根据公路等级、隧道长度和交通量大小，公路隧道养护可分为三个等级，分级标准宜按表 2.2.1 和表 2.2.2 执行。

表 2.2.1　高速公路、一级公路隧道养护等级分级

单车道年平均日交通量 AADT/[pcu/（d.ln）]	特长隧道	长隧道	中隧道	短隧道
AADT>10 000	一级	一级	一级	二级
5 000<AADT≤10 000	一级	一级	二级	二级
AADT≤5 000	一级	二级	二级	三级

表 2.2.2　二级及二级以下公路隧道养护等级分级

年平均日交通量 AADT/（pcu/d）	特长隧道	长隧道	中隧道	短隧道
AADT>10 000	一级	二级	二级	三级
5 000<AADT≤10 000	二级	二级	三级	三级
AADT≤5 000	二级	三级	三级	三级

《规范》关于交通量的相关规定，高速公路和一级公路隧道养护等级按单车道年平均日交通量划分，而二级及二级以下公路隧道养护等级按年平均日交通量划分，这是让笔者颇为不解的地方。交通量指在单位时间内，通过道路上的某一地点或者某一断面实际参与交通的参与者的数量，又称作交通流量或者流量。但在没有特殊说明的情况下，交通量都是指机动车交通量，并且是指单位时间内来去两个方向上的车辆数。在笔者看来，表2.2.1 和表 2.2.2 的标准是不一致的。

养护等级是新规范重点引入的内容，对节约养护成本、降低资源消耗、提高运营安全意义特别重大，由图 2.2.1 也可以看出养护等级的重要地位。但按《规范》要求，养护等级的差异在养护措施上的具体体现为清洁频率和经常检查频率的不同，在笔者看来，这种差异还不够大，还不能体现养护等级的重要性，可以考虑将定期检查和保养维修等纳入与养护等级直接相关的范畴。

笔者认为，隧道养护就好比人体养生，其中隧道的定期检查相当于人的健康体检，隧道的技术状况评定相当于体检报告，隧道的专项检查相当于人的医疗体检，隧道专项检查之后的原因分析和病害处治相当于医生诊断、处方和治疗过程。隧道的技术状况评定可用来评价和描述隧道整体健康或变异的状态和程度，可提出建议的保养、维修等养护措施，但一般不能作为病害处治的直接依据，若情况不明需经过专项检查和原因分析方可处治。从某种意义上讲，"技术状况评定"属于纯粹的预防性养护范畴，针对"养"而非"治"；这就好比一份体检报告，它可以告诉你当时的身体状态，也可以给你饮食、锻炼等生活建议，但医生不能凭体检报告进行诊断和开处方，诊断必须通过相应的医疗检查。隧道的专项检查是针对破损或病害局部开展的检查，不负责隧道的整体评价，这好比医疗检查是围绕患者症状的专科体检而不是全面体检。正如我们所知，健康体检的目的在于

"预防为主"和"医治未病",而医疗检查是针对伤痛或症状后的被动就医。与此类似,隧道的定期检查、技术状况评定和专项检查等措施则很好地体现了《规范》要求的"预防为主、防治结合"的方针。

《规范》4.4.3 条文说明附有土建结构检查工作流程图(图 2.2.2)与本文归纳的流程图(图 2.2.1)较为相似。比较两图可以看出,图 2.2.1 内容更全面,形式更简洁,概念更清晰,便于指导隧道养护施工。因此,拟将图 2.2.1 编入《普通干线公路隧道预防性养护技术规程》初稿,且列在前面章节作为总纲。

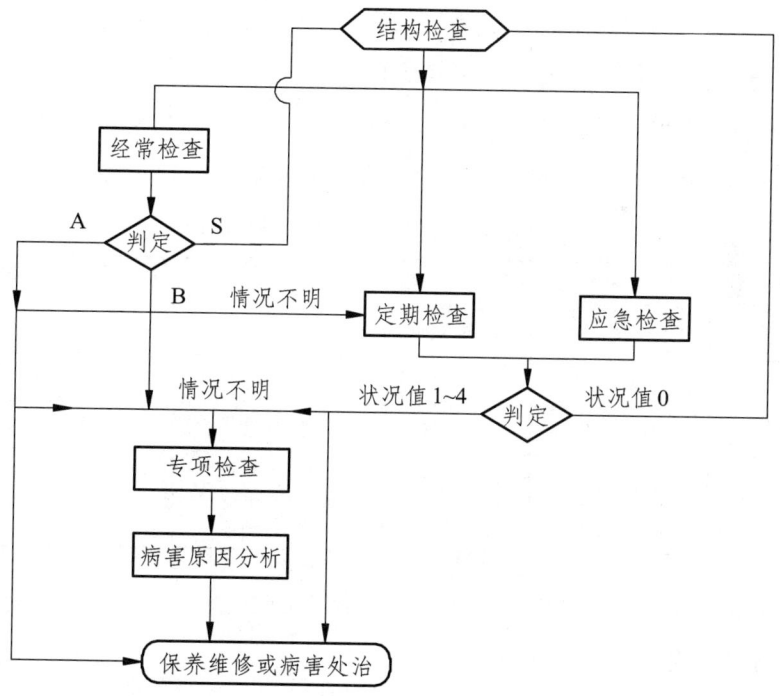

S—情况正常;B——般异常,需进一步检查或观测/异常情况不明;
A—严重异常,需要采取处理措施。

图 2.2.2　土建结构检查工作流程

2.3 技术状况评定方法

2.3.1 评定类别

公路隧道技术状况评定应包括隧道土建结构、机电设施、其他工程设施技术状况评定和总体技术状况评定。公路隧道技术状况评定应采用分层综合评定与隧道单项控制指标相结合的方法，先对隧道各检测项目进行评定，然后对隧道土建结构、机电设施和其他设施分别进行评定，最后进行隧道总体技术状况评定。根据本项目的研究范围，此处仅考虑土建结构。

原规范对日常检查、定期检查和特别检查的判定类别按 S、B 和 A 三类，分别表示情况正常、存在异常和显著异常，对专项检查的判定按 B、1A、2A 和 3A 四类，分别表示轻微破损、存在破坏、较严重破坏和严重破坏。新规范参照《公路技术状态评定标准》的做法，将公路隧道土建技术状况评定分为 1~5 类，评定类别描述见表 2.3.1。

表 2.3.1 公路隧道土建技术状况评定类别

评定类别	结构状态	破损程度	发展趋势	对交通安全的影响
1 类	完好状态	无异常情况		无影响
2 类	轻微破损	轻微破损	趋于稳定	不会有影响
3 类	中等破损	存在破坏	发展缓慢	可能影响
4 类	严重破损	较严重破坏	发展较快	已经影响
5 类	危险状态	严重破坏	发展迅速	已经危及

由表 2.3.1 可以看出，新规范关于公路隧道技术状况的评定类别大体上沿袭了原规范的做法。

2.3.2 评定方法

结构技术状况评定工作是紧接结构检查进行的，是当前公路隧道养护中的一项重点和难点。评定应先逐洞、逐段对隧道土建结构各分项进行状况值评定，在此基础上确定各分项技术状况，再进行土建结构技术状况评定，土建结构技术状况评分应按式（2.3.1）计算。

$$JGCI = 100 \cdot \left[1 - \frac{1}{4} \sum_{i=1}^{n} \left(JGCI_i \times \frac{\omega_i}{\sum_{i=1}^{n} \omega_i} \right) \right] \quad （2.3.1）$$

式中：ω_i——分项权重；

$JGCI_i$——分项状况值，重要分项的取值不大于 2。

分项状况值应按式（2.3.2）计算。

$$JGCI_i = \max(JGCI_{ij}) \quad （2.3.2）$$

式中：$JGCI_{ij}$——各分项检查段落状况值；

j——检查段落号，按实际分段数量取值。

土建结构各分项权重宜按表 2.3.2 取值。

表 2.3.2　土建结构各分项权重

分项	分项权重ω_i	分项	分项权重ω_i	分项	分项权重ω_i
洞口*	15	路面*	15	洞内排水设施	6
洞门*	5	吊顶及预埋件*	10	内装饰	2
衬砌*	40	检修道或人行道	2	交通标志、标线	5

表 2.3.2 中，带"*"的分项为重要分项，预埋件是指悬挂风机、灯具和线缆等设备的预埋件，权重分配是通过全国征求意见后经统计分析后提出的。由于各地条件不一样，各地在制定地方公路隧道养护标准时，可采用专家评估法，根据实际情况调整。

土建结构技术状况评定分类主要根据土建结构的技术状况评分或重要

分项的状况值，分类界限值宜按表 2.3.3 规定执行。当洞口、洞门、衬砌、路面、吊顶及预埋件等重要分项的状况值达到 3 或 4 时，对应土建结构技术状况应直接评为 4 类或 5 类。

表 2.3.3　土建结构技术状况评定分类界限值

评定类别	1 类	2 类	3 类	4 类	5 类
技术状况评分	$JGCI \geqslant 85$	$70 \leqslant JGCI < 85$	$55 \leqslant JGCI < 70$	$40 \leqslant JGCI < 55$	$JGCI < 40$
重要分项的状况值				$\max(JGCI_i) = 3$	$\max(JGCI_i) = 4$

表 2.3.3 中的界限值是根据大量隧道定期检查和专项检查报告，通过专家经验评定分类与 $JGCI$ 计算分类进行统计分析综合确定的。

《规范》关于技术状况的评定，有两点值得关注，一是各分项状况值取整座隧道的最大值来评价整体的分项状况，参见式（2.3.2）。例如，整座隧道的路面仅有 1 处状况值为 2 和多处状况值为 2，两种情况的评定结果是相同的；二是当重要分项的判断状况值达到 3 或 4 时，对应土建技术状况应直接评为 4 类或 5 类，不再按式（2.3.1）计算，也就是说，假定某隧道有 1 处预埋件状况值为 4，那么不管其他方面多么完美，整座隧道的评定是 5 类隧道。上述规定都是参照相关规范的做法，征求行业和专家的意见，经统计分析得出的，具有较强的严谨性和科学性，但是或多或少不太符合我们的认知习惯。在笔者看来，这种差异主要是因为我们习惯将"体检"和"诊断"混为一谈。从某种角度来看，"技术状况评定"是一种养护措施建议，它更像是一份"体检报告"而不是"诊断报告"，更不是处方。另外，基于对《规范》的理解，为避免概念上的混淆，笔者倾向于对超过 3 类标准的不做具体的分类和描述，仅提出某种可能性和措施建议，这就好比在"体检报告"中不太可能出现"病重""病危"之类。

2.4 技术状况评定标准

《规范》提供了隧道洞口、洞门、衬砌结构、衬砌渗漏水、路面、检修道、排水设施、吊顶、内装饰、交通标志线等分项技术状况评定标准。为便于阅读、理解和执行规范条文，本项目研究对相关内容进行了归纳整理，并参考相关资料和文献做适当修改和必要补充，具体内容详见表 2.4.1~2.4.9，它们与表 2.3.2 中土建结构各分项是一一对应的。

表 2.4.1 隧道洞口技术状况评定标准

项目	状况值	技术状况描述	备注或参考标准
山体岩体坡面	0	无破坏现象	
	1	山体及岩体有轻微裂缝产生	
	2	山体及岩体裂缝发育，存在滑坡、崩塌的初步迹象，坡面树木或电线杆轻微倾斜，土石零星掉落	
	3	山体及岩体严重开裂，坡面树木或电线杆明显倾斜，墙角或坡面有土石堆积	
	4	山体及岩体有明显而严重的滑动、崩塌现象，坡面树木或电线杆倾倒等	
挡土墙及护坡结构	0	完好，无破坏现象	
	1	有轻微裂缝产生	
	2	产生开裂、变形	
	3	产生严重开裂、明显的永久变形	
	4	断裂、失稳、部分倒塌	
排水设施	0	完好，无破坏现象	
	1	存在轻微破坏	
	2	存在一定裂损、阻塞	
	3	完全堵塞、破坏，排水功能失效	

表 2.4.2　隧道洞门技术状况评定标准

项目	状况值	技术状况描述	备注或参考标准
墙身结构	0	完好,无破坏现象	
	1	存在轻微的开裂、起层、剥落	
	2	局部开裂,轻微倾斜、沉陷或错台	
	3	严重开裂、错台；边墙出现起层、剥落,混凝土块可能掉落或已有掉落；钢筋外露、受到锈蚀,墙身有明显倾斜、沉陷或错台趋势	
	4	大范围开裂、砌体断裂、混凝土块可能掉落或已有掉落；墙身出现部分倾倒、垮塌	
壁面渗漏	0	无渗漏	
	1		
	2	轻微渗水	尚未妨害交通
	3	严重渗水（挂冰）	将会妨害交通
	4	存在喷水或大面积挂冰等	已妨害交通

表 2.4.3　隧道衬砌技术状况评定标准

项目	状况值	技术状况描述	备注或参考标准
结构变形	0	结构无变形	
	1	出现变形、位移和沉降,但无发展	变形速度：$v<1$ mm/a
	2	出现变形、位移和沉降,发展缓慢	变形速度：1 mm/a$\leq v<3$ mm/a
	3	出现变形、位移和沉降,发展较快,结构侵入内轮廓界限	变形速度：3 mm/a$\leq v<10$ mm/a
	4	发生明显的永久变形,结构侵入建筑限界	变形速度：$v\geq 10$ mm/a
结构裂损	0	结构无裂损	
	1	出现裂缝,但无发展	
	2	出现裂缝,发展缓慢	参见本文 3.3.2
	3	裂缝密集,出现剪切性裂缝,发展较快	
	4	裂缝密集,出现剪切性裂缝,裂缝深度贯穿衬砌混凝土,发展快速	

续表

项目	状况值	技术状况描述	备注或参考标准
背后空洞	0	无空洞	当拱背存在高 30 cm 以上的空洞且有效衬砌厚度小于 30 cm 时，空腔落石就可能砸坏衬砌结构，可按 3/4 状况值评定
	1		
	2	边墙衬砌背后存在空隙，有扩大可能	
	3	拱部背后存在较大空洞	
	4	拱部背后存在大的空洞	
钢筋锈蚀	0	钢筋无锈蚀	
	1	钢筋表面局部腐蚀	表面或小面积的腐蚀
	2	钢筋表面全部生锈、腐蚀	浅孔蚀或钢筋全周生锈
	3	钢筋断面因腐蚀而明显减少	钢材断面减少程度明显，钢结构功能受损
起层剥落	0	混凝土无起层、剥落	对于防水砂浆等材料的掉落，由于剥落层较薄，可降低 1 个评定状况值
	1	混凝土有起层、剥落，无掉落可能性	
	2		
	3	边墙混凝土起层、剥落，混凝土块可能掉落或已掉落	
	4	拱部混凝土起层、剥落，混凝土块可能掉落或已掉落	
衬砌劣化	0	材料无劣化	当不了解设计标准强度时，可取 15 MPa 为标准，下同
	1	存在材料劣化，几乎无影响	有效厚度/设计厚度>2/3
	2	材料劣化明显，断面强度有所下降	有效厚度/设计厚度 = 1/2 ~ 2/3
	3	材料劣化严重，断面强度有相当程度的下降	有效厚度/设计厚度<1/2
	4	材料劣化非常严重，断面强度明显下降	

续表

项目	状况值	技术状况描述	备注或参考标准
砌渗漏	0	无渗漏	
	1	有浸渗	不影响行车安全
	2	拱部有滴漏,侧墙有小股涌流;少量挂冰,墙角积冰	可能影响行车安全
	3	拱部有涌流,侧墙有喷射水流;较大挂冰,墙角积冰至路边	已影响行车安全
	4	拱部有喷射,侧墙有大量涌水;严重挂冰	严重影响行车安全

表 2.4.4 隧道路面技术状况评定标准

项目	状况值	技术状况描述	备注或参考标准
路面结构	0	完好	
	1	有轻微裂缝、落物等	引起使用者轻微不舒适感
	2	有局部的沉陷、隆起、坑洞、表面剥落、露骨、破损、裂缝等	引起使用者明显的不舒适感,可能影响行车安全
	3	出现较大面积的沉陷、隆起、坑洞、表面剥落、露骨、破损、裂缝	影响行车安全
	4	出现大面积的明显沉陷、隆起、坑洞,路面板严重错台、断裂、表面剥落、露骨、破损、裂缝	严重影响交通安全,可能导致交通意外事故
路面渗漏	0	无渗漏	
	1	有浸湿	
	2	轻微积水	可能影响行车安全
	3	积水严重,沙土流出;抗滑系数过低引起车辆打滑	影响行车安全
	4	地下水从检查井涌出,沙土流出严重,出现漫水、结冰或堆冰	严重影响交通安全,可能导致交通意外事故

表 2.4.5　吊顶及预埋件技术状况评定标准

项目	状况值	技术状况描述	备注或参考标准
吊顶	0	吊顶完好	
	1	存在轻微变形、破损、浸水	尚未妨害交通
	2	吊顶破损、开裂、滴水	尚未影响交通安全
	3	吊顶存在较严重的变形、破损，出现涌流、挂冰	可能影响交通安全
	4	吊顶严重破损、开裂甚至掉落，出现喷涌水、严重挂冰	严重影响行车安全
预埋件	0	各种预埋件、悬吊件、桥架和挂件完好	
	1	吊杆等预埋件轻微锈蚀	尚未妨害交通
	2	吊杆等预埋件锈蚀	尚未影响交通安全
	3	吊杆等预埋件严重锈蚀	可能影响交通安全
	4	各种预埋件和悬吊件断裂，各种桥架和挂件出现严重变形或脱落	严重影响行车安全

表 2.4.6　检修道或人行道技术状况评定标准

项目	状况值	技术状况描述	备注或参考标准
护栏	0	完好	
	1	护栏变形，金属有局部锈蚀	护栏损坏长度≤10%，缺失长度≤3%
	2	护栏变形损坏、螺栓松动、扭曲，金属表面锈蚀	20%≥护栏损坏长度>10%，10%≥缺失长度>3%
	3	护栏倒伏、严重损坏，侵入限界	护栏损坏长度>20%，缺失长度>10%
面板及路缘石	0	面板及路缘石均完好	
	1	面板及路缘石少量缺角、缺损	面板、路缘石损坏长度≤10%，缺失长度≤3%
	2	面板及路缘石缺损、开裂，部分功能丧失，可能会影响行人和交通安全	20%≥面板、路缘石损坏长度>10%，10%≥缺失长度>3%
	3	面板及路缘石缺损开裂或缺失严重，原有功能丧失，影响行人和交通安全	面板、路缘石损坏长度>20%，缺失长度>10%

表 2.4.7　洞内排水设施技术状况评定标准

项目	状况值	技术状况描述	备注或参考标准
排水设施	0	设施完好，排水功能正常	
	1	结构有轻微破损，但排水功能正常	
	2	结构有破损，轻微淤积，暴雨季节出现溢水	可能会影响交通安全
	3	结构较严重破损，严重淤积，溢水造成路面局部积水、结冰	影响行车安全
	4	结构严重破损，完全阻塞，溢水造成路面积水漫流、大面积结冰	严重影响行车安全

表 2.4.8　内装饰技术状况评定标准

项目	状况值	技术状况描述	备注或参考标准
内装饰	0	内装饰完好	
	1	个别内装饰板或瓷砖变形、破损，不影响交通	损坏率≤10%
	2	部分内装饰板或瓷砖变形、破损、脱落，对交通安全有影响	20%≥损坏率>10%
	3	大面积内装饰板或瓷砖变形、破损、脱落，严重影响行车安全	损坏率>20%

表 2.4.9　交通标志标线技术状况评定标准

项目	状况值	技术状况描述	备注或参考标准
交通标志标线	0	完好	
	1	不完整，尚未妨害交通	损坏率≤10%
	2	部分脱落、缺失，可能会影响交通安全	20%≥损坏率>10%
	3	大部分脱落、缺失，影响行车安全	损坏率>20%

由表 2.4.1～2.4.9 可以看出，《规范》关于各分项的评定标准，基本上是定性的技术状况描述，也有少数补充了参考的量化标准，其中定性的描述有些是容易分辨的（例如浸渗、滴漏、涌流、喷射等渗漏状态），也有很难分辨的（例如发展缓慢、较快、迅速等），这给现场的技术人员带来了不

少的困难，经验丰富的专家毕竟是少数，所以量化标准是未来研究的方向之一。

2.5 本章小结

本章归纳了公路隧道养护工作流程，此流程是理解和掌握《规范》整体内容的线索。笔者认为，隧道技术状况评定的作用好比人的健康体检，隧道的技术状况评定可用来评价和描述隧道整体健康或变异的状态和程度，可提出建议的保养、维修等养护措施，但一般不能作为病害处治的直接依据，若情况不明需经过专项检查和原因分析方可处治。这就好比一份体检报告，它可以告诉你当时的身体状态，也可以给你饮食、锻炼等生活建议，但医生不能凭体检报告进行诊断和开处方，诊断必须通过相应的医疗检查。隧道的定期检查、技术状况评定和专项检查等措施则很好地体现了《规范》要求的"预防为主、防治结合"的方针。

本章整理了土建结构技术状况评定的相关要求和技术标准，这是《规范》新增的内容，它详细地描述了《规范》关于隧道健康评估的方法，这种方法在部分细节的处理偏于简单，它倾向以局部的最不利状况来评价隧道的整体，旨在确保维修保养和病害处治等养护措施的安全性，但不太符合我们的认知习惯。在笔者看来，这是混淆"体检"和"诊断"导致的结果，笔者倾向于对超过3类标准的不做具体的分类和描述，仅提出某种可能性和措施建议。另外，《规范》关于各分项的评定标准，基本上是定性的技术状况描述，也有少数补充了参考的量化标准，其中有些定性的描述是很难分辨的，这给现场的技术人员带来了不少的困难，所以量化标准是未来研究的方向之一。

第 3 章

模糊数学方法研究

3.1 概　述

模糊数学是一种研究和处理模糊性现象的数学理论和方法，1965年美国控制论学者扎德（L.A.Zadeh）教授发表论文《模糊集合》，标志着这门新学科的诞生。模糊数学是继经典数学、统计数学之后新的数学领域，经典数学负责解释准确性，统计数学负责解释随机性，而模糊数学负责解释模糊性。模糊数学的诞生是科学技术发展的必然结果，更是现代数学发展的必然产物。模糊数学绝不是把数学变成模模糊糊的东西，而是以"模糊集合"论为基础，用精确的数学语言去描述模糊性现象。模糊数学的基本思想是隶属度的思想，应用模糊数学方法建立数学模型的关键在于建立符合实际的隶属函数。

模糊数学自诞生之日起，发展极其迅速，其应用涉及国民经济的方方面面，其中包括土建工程领域。模糊数学在土建工程尤其是隧道工程领域的应用前景广阔，隧道是一个复杂的系统，其结构体系受到各种错综复杂因素的影响，很难用精确的数学或力学方法进行描述。以往精确的计算模式，常带有预先假定的前提条件，从而使问题得以简化，但这种假定本身就与客观实际存在一定差异。近年来有不少学者将模糊数学用于隧道结构的健康评价研究，取得了较好的效果，但目前的实际应用并不多，它在评价指标的选取、指标体系的建立、指标的定量判定标准、指标权值的确定方法、评价模型的建立等方面都还有待于进一步研究（罗鑫，2007）。

隧道结构的健康评价可用模糊综合评判模型来实现，本章首先简要介绍模糊综合评判的基本方法和步骤，然后建立隧道结构健康的评价模型，最后按建立的评价模型验算工程实例并做分析。尽管已有不少关于隧道健康评判的研究，但就现状而言，这些研究在很多方面并未达成一致，侧重点也不尽相同。而本章研究的思路是参照《规范》内容建立隧道健康评价体系，以便对比标准评分法和模糊评判法的异同，其目的在于增加研究结论的实用性，为理解和修正规范提供帮助，为后续研究提供参考。

研究表明，模糊评判法比较适用于评价隧道健康状况，它具有更为严谨的数学表述，是未来努力的方向。

3.2 模糊综合评判方法

3.2.1 一级综合评判

模糊综合评判是一种对多因素影响的事物或现象进行总评的决策方法，在各种复杂的不确定性因素的影响下，难于用解析方法做定量分析，通过模糊综合评判可对事物做出全面评价，其基本方法和步骤如下：

1. 构建因素集

因素集是以影响评判对象的各种因素为元素所组成的普通集合，记为

$$U = \{u_1, u_2, \cdots, u_m\} \quad (3.2.1)$$

因素集中的因素是由主观确定的，可以是模糊的或者非模糊的。

2. 构建权重集

为反映因素的重要程度，对上述各因素赋予相应的权重，由各权重组成的集合，记为

$$A = \{a_1, a_2, \cdots, a_m\} \quad (3.2.2)$$

各权重应满足归一性和非负条件，它可由主观确定，也可按确定隶属度的方法确定。

3. 构建评判集

评判集是对事物各种可能的评价的集合，记为

$$V = \{v_1, v_2, \cdots, v_n\} \quad (3.2.3)$$

模糊综合评判的目的在于选择合适的评判结果。

4. 单因素评判

根据模糊数学的原理可建立由因素集 U 到评判集 V 的模糊关系 R，R 是 U 到 V 的关系，即

$$\begin{array}{c|cccc} R & v_1 & v_2 & \cdots & v_n \\ \hline u_1 & r_{11} & r_{12} & \cdots & r_{1n} \\ u_2 & r_{21} & r_{22} & \cdots & r_{2n} \\ \vdots & \vdots & \vdots & \ddots & \vdots \\ u_m & r_{m1} & r_{m2} & \cdots & r_{nm} \end{array}$$

记为 $U \xrightarrow{R} V$

则有模糊关系矩阵 $\boldsymbol{R} = (r_{ij})_{m \times n}$

$$\boldsymbol{R} = \begin{bmatrix} r_{11} & r_{12} & \cdots & r_{1n} \\ r_{21} & r_{22} & \cdots & r_{2n} \\ \vdots & \vdots & & \vdots \\ r_{m1} & r_{m2} & \cdots & r_{mn} \end{bmatrix} \quad (3.2.4)$$

5. 综合评判集

综合评判 B 依赖于各个因素的权重集 A，和由因素集 U 到评判集 V 的模糊关系 R，其中 U、V、R 模糊综合评判模型的三个要素。综合评判集 B 可采用扎德算子或其他模型计算。

$$B = A \circ R = (b_1, b_2, \cdots, b_n) \quad (3.2.5)$$

式中，$b_j = \bigvee\limits_{i=1}^{m}(a_i \wedge r_{ij}) \quad (j = 1, 2, \cdots, n)$

3.2.2 多级综合评判

一级模型是模糊综合评判的初始模型，适用于比较简单的问题。然而实际的工程问题往往影响因素较多，且各因素具有多层次，另外这些因素的模糊性较强。若采用一级模型，靠人的主观判断，权重难于恰当分配，各因素相应的权重也很小，按扎德算子计算往往丢掉了模糊关系 R 的很多信息，因此很可能得不到合理的结果。改进的方法，可将扎德算子改为其他算子，或者采用多层次模型。

此处介绍两个层次的模型（二级模型），多级模糊评判模型以此类推。建立二级模型的基本方法和步骤如下：

1. 分解因素集 U

将因素集 U 分成若干子集的并集。

$$U = \bigcup_{i=1}^{k} U_i, \quad U_i \cap U_j = \emptyset (i \neq j) \tag{3.2.6}$$

称为第一级因素集。

$$U_i = \{u_1^i, \ u_2^i, \ \cdots, \ u_{m_i}^i\}$$
$$(i = 1, 2, \cdots, k) \ (m_1 + m_2 + \cdots + m_k = m) \tag{3.2.7}$$

称为第二级因素集。

2. 二级因素综合评判

对第二级因素集的各个因素进行单因素评判，进而得到单因素评判矩阵为

$$\boldsymbol{R}_i = \begin{bmatrix} r_{11}^i & r_{12}^i & \cdots & r_{1n}^i \\ r_{21}^i & r_{22}^i & \cdots & r_{2n}^i \\ \vdots & \vdots & & \vdots \\ r_{m_i 1}^i & r_{m_i 2}^i & \cdots & r_{m_i n}^i \end{bmatrix} \tag{3.2.8}$$

设 U_i 的权重为

$$A_i = (a_1^i, \quad a_2^i, \quad \cdots, \quad a_{mi}^i) \qquad (3.2.9)$$

按扎德算子模型 $M = (\wedge, \vee)$，得综合评判为

$$B_i = A_i \circ R_i = (b_{i1}, \quad b_{i2}, \quad \cdots, \quad b_{in}) \qquad (3.2.10)$$

3. 一级因素综合评判

总评判矩阵为

$$\boldsymbol{R} = \begin{bmatrix} b_{11} & b_{12} & \cdots & b_{1n} \\ b_{21} & b_{22} & \cdots & b_{2n} \\ \vdots & \vdots & & \vdots \\ b_{k1} & b_{k2} & \cdots & b_{kn} \end{bmatrix} \qquad (3.2.11)$$

设 U 的权重为

$$A = (a_1, \quad a_2, \quad \cdots, \quad a_k) \qquad (3.2.12)$$

可按扎德算子模型 $M(\wedge, \vee)$ 或其他模型，比如加权平均模型 $M(\bullet, +)$，得综合评判为

$$B_{1 \times n} = A_{1 \times k} \circ R_{k \times n} \qquad (3.2.13)$$

3.2.3 确定因素权重

在上述综合评判中，因素权重是至关重要的，直接影响综合评判的结果。通常凭经验给出权重，这在一定程度上的确能反映实际情况，但因极具主观色彩，有时也可能失真。

确定因素权重的方法有统计方法、模糊协调决策法、模糊关系方程法和层次分析法等，此处介绍层次分析法。

层次分析法把定性分析与定量分析相结合，其基本方法和步骤如下：

1. 建层次结构

分析系统中各因素之间的关系,建立系统的递阶层次结构。根据问题的总目标和决策方案分成三个层次,即目标层 G、准则层 C 和方案层 P,必要时还可建立准则层,如图 3.2.1 所示。

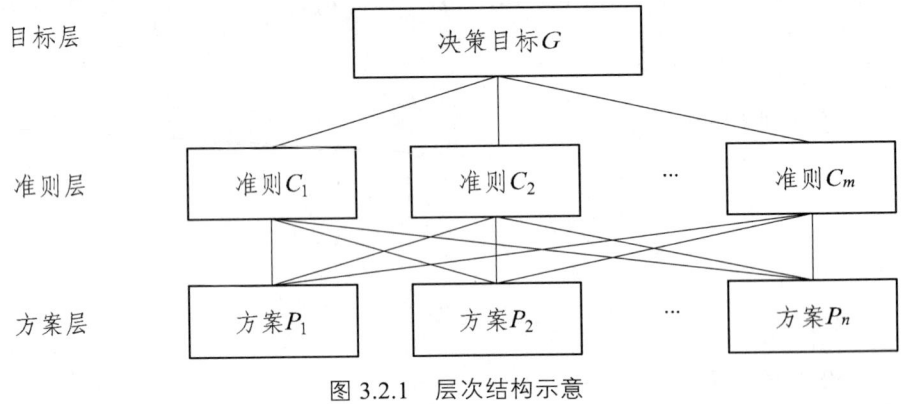

图 3.2.1　层次结构示意

2. 建判断矩阵

对同一层次的 n 因素的关于上一层中某一因素的重要性进行两两比较,比如图 3.2.1 中方案层的 n 因素(P_1,P_2,$\cdots$,P_n)关于准则层 C_1 的重要性,构建判断矩阵如下:

$$\boldsymbol{P} = \begin{bmatrix} p_{11} & p_{12} & \cdots & p_{1n} \\ p_{21} & p_{22} & \cdots & p_{2n} \\ \vdots & \vdots & & \vdots \\ p_{n1} & p_{n2} & \cdots & p_{nn} \end{bmatrix} \quad （3.2.14）$$

式中,p_{ij} 取值如表 3.2.1 所示。

表 3.2.1　p_{ij} 取值

P_i 比 P_j	极弱	很弱	弱	稍弱	相同	稍强	强	很强	极强
p_{ij}	1/9	1/7	1/5	1/3	1	3	5	7	9

若有必要，在相邻的两个等级之间还可按内插的方式量化，显然判断矩阵 P 满足

$$p_{ij} = 1; \quad p_{ij} \cdot p_{ji} = 1; \quad i,j = 1,2,\cdots,n \qquad (3.2.15)$$

3. 层次单排序

先求出判断矩阵 P 的最大（绝对值）特征值 $\lambda_{\max}$ 及相应的特征向量 W，然后将特征向量 W 归一化，即为同一层次的 n 因素相对于上一层某因素的重要性权重。

由于认识的主观性和片面性，在多因素两两比较时往往出现前后不一致的情况，若完全一致则可证明

$$\begin{cases} p_{ij} p_{jk} = p_{ik} & (i,j,k = 1,2,\cdots,n) \\ \lambda_{\max} = n \end{cases} \qquad (3.2.16)$$

因此必须进行一致性检验，用来衡量的一致性指标：

$$C = \frac{\lambda_{\max} - n}{n - 1} \qquad (3.2.17)$$

C 值越大，判断矩阵 P 的不一致程度越严重。另引入随机一致性指标 R，当 $C/R < 0.1$ 时，判断矩阵 P 的不一致程度尚可接受。随机一致性指标 R 的取值，如表 3.2.2 所示。

表 3.2.2　R 取值

n	3	4	5	6	7	8	9	10	11
R	0.58	0.90	1.12	1.24	1.32	1.41	1.45	1.49	1.51

注：任意的二阶判断矩阵是完全一致的，可不检验。

4. 层次总排序

计算方案层的各因素对于目标层的相对重要性权重，是由最高的目标层到最低的方案层逐层进行的。设准则层各因素关于目标层的权重为

$a_i(i=1,2,\cdots,m)$，方案层各因素关于准则层某因素的权重为 $b_j(i=1,2,\cdots,n)$，那么方案层各因素关于目标层的权重为

$$c_j = \sum_{i=1}^{m} a_i b_{ij} \quad (j=1,2,\cdots,n) \tag{3.2.18}$$

层次总排序要进行组合一致性检验，设方案层的各因素关于准则层的某一因素的单排序一致性指标为 C_i，随机一致性指标为 R_i，那么方案层的各因素关于目标层的组合一致性指标为

$$C_R = \sum_{i=1}^{m} a_i C_i \Big/ \sum_{i=1}^{m} a_i R_i \tag{3.2.19}$$

当 $C_R<0.1$ 时，可认为层次总排序结果具有满意的一致性。

3.3 隧道健康评价模型

3.3.1 评价体系

从目前的类似研究来看，绝大多数采用二级评价模型，但评价指标的选取差异较大。健康评价指标是定量研究公路隧道健康状态的基础，选取的指标是否恰当，将直接影响到最终的评价结果是否合理可靠。指标太多，可能造成信息重复、相互干扰；指标太少，信息覆盖不全，可能导致评价结果的片面性。评价指标的选择应遵循一定的原则，包括科学性、完备性、简捷性、独立性、可操作性和层次性原则（罗鑫，2007）。研究表明，关于隧道健康评价体系，目前尚未形成统一的数学模型。一方面，隧道健康问题本身就是一个极其复杂的问题，很难找到十分恰当的评价模型；另一方面，评价模型本身就是主观内容的数学表达，主观上的差异也就在所难免。

隧道变异的原因是多方面的，而且是相互影响的。但不管原因多么复

杂，从大的方面看，他们都可以分成内因和外因。外因指的是隧道周围所处的环境，内因指的是构成隧道结构物本身的内部条件。隧道发生变异，或者是隧道结构物不能适应其周围环境条件的变化，或者是隧道结构物本身的条件发生了变化（姜松湖，1993）。

按《规范》，标准评分法关于整座隧道的健康评价涉及隧道洞口、洞门、衬砌结构、衬砌渗漏水、路面、检修道、排水设施、吊顶、内装饰、交通标志线等分项，其中衬砌是公路隧道中关系到结构安全和行人、行车安全最重要的土建结构。本章研究的思路是参照《规范》内容建立隧道衬砌的健康评价体系，旨在对比标准评分法和模糊评判法的异同。

既有隧道发生的变异，有因外力所造成的，有因材质劣化所造成的，也有因漏水所造成的（关宝树，2004）。关于隧道衬砌的变异程度，《规范》主要给出了外部荷载、材料劣化和渗漏水三个方面的指标。因此，本章研究参照《规范》内容构建隧道衬砌健康的二级评价体系，如图3.3.1所示。

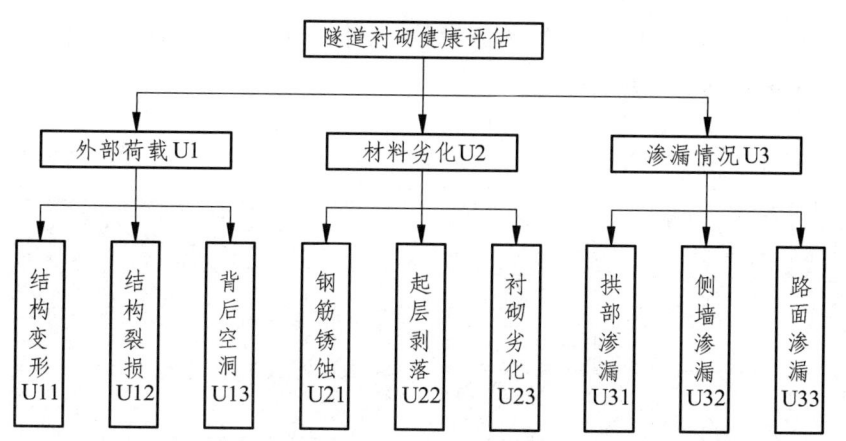

图 3.3.1　隧道衬砌健康评价体系

参照表 2.3.1 构建隧道衬砌的评判集：

$$V = \{v_1, \quad v_2, \quad v_3, \quad v_4, \quad v_5\} \quad (3.3.1)$$

其中 $v_1 \sim v_5$ 分别对应：1 类，完好状态；2 类，轻微破损；3 类，中等破损；4 类，严重破损；5 类，危险状态。

3.3.2 评价指标

本节归纳整理了《规范》关于衬砌结构和渗漏水的技术状况评定标准，并参考相关资料和文献做适当修改和必要补充，具体内容见表 2.4.3 及表 2.4.4。其中，状况值中 0～4 分别对应于评定类别中的 1～5 类。

《规范》关于衬砌裂缝的参考量化标准，采用裂缝的长度和宽度等指标，并且以裂缝的发展性、方向和密度为辅助条件。可按图 3.3.2 评定衬砌裂缝技术状况值（关于裂缝的评定标准，《规范》采用"表"形式；为便于理解和运营，此处基于《规范》的技术标准，采用"图"形式）。图中的裂缝主要以水平方向的裂缝或剪断裂缝为对象，对于横向裂缝，将评定状况值相应地降低 1 个等级即可。当宽为 0.5 mm 以上的裂缝，其分布密度大于 200 cm/m² 时，可升高 1 个评定等级。此外，当裂缝较多时，宜将宽度最大的裂缝作为主要检查对象。

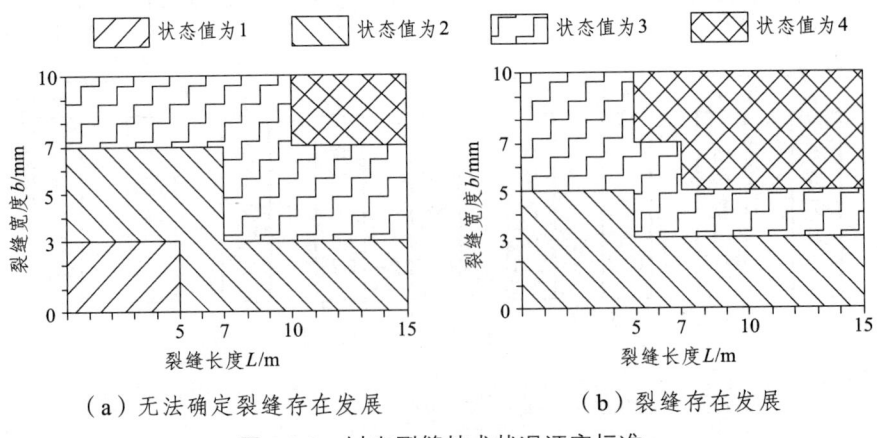

图 3.3.2 衬砌裂缝技术状况评定标准

3.4 工程案例及分析

3.4.1 工程案例

某隧道位于省道二级公路，于 1998 年建成。隧道全长 840 m，按长度划分为中隧道，进、出口洞门形式均为端墙式，隧道内路面为水泥混凝土路面。该隧道为单向两车道隧道，路面宽 7.0 m，隧道净宽 8.6 m，净高为 6.7 m。2015 年对隧道进行定期检查，对土建结构的总体评价为：隧道所在山体稳定，进口处，洞顶护坡 1 条横向开裂；混凝土衬砌结构裂缝较多，局部地段的两侧拱腰处纵向裂缝最长 7 m，最大宽度 5.5 mm；衬砌及施工缝处有 165 处出现渗水，有个别处出现滴水情况；有 7 处拱腰处混凝土有碱化、松散现象；隧道内混凝土路面有多处横向裂缝；检修道局部有破损，涂装局部有污点。针对病害的建议措施有：衬砌裂缝应注浆封闭处理，局部较大裂缝处衬砌应开槽凿除原衬砌后重新浇筑二衬混凝土，典型裂缝应做定期观测；对施工缝和沉降缝处的渗水，应在二衬补设止水带或止水条；对二衬混凝土的空洞或松散处应进行修补；对路面和检修道的裂缝或破损处应进行修补；对进口处洞顶护坡横向开裂进行修补。

根据隧道各分项检查的结果，本章研究选取其中比较有代表性的一段进行模糊评价及与《规范》评价的对比分析。该段长度为 50 m，衬砌分项状况值评定为 3（即 4 类），其主要病害分布如图 3.4.1 所示，部分现场照片如图 3.4.2~3.4.5 所示。

3.4.2 计算过程

根据隧道健康评价体系（见图 3.3.1），通过两两比较构造一级因素（外部荷载 U_1、材料劣化 U_2、渗漏情况 U_3）相对目标 G 重要性的判断矩阵。笔者认为，对隧道衬砌健康状况的影响程度，外部荷载最大，其次是渗漏水，材料劣化最小，因此构造判断矩阵如式（3.4.1）所示。

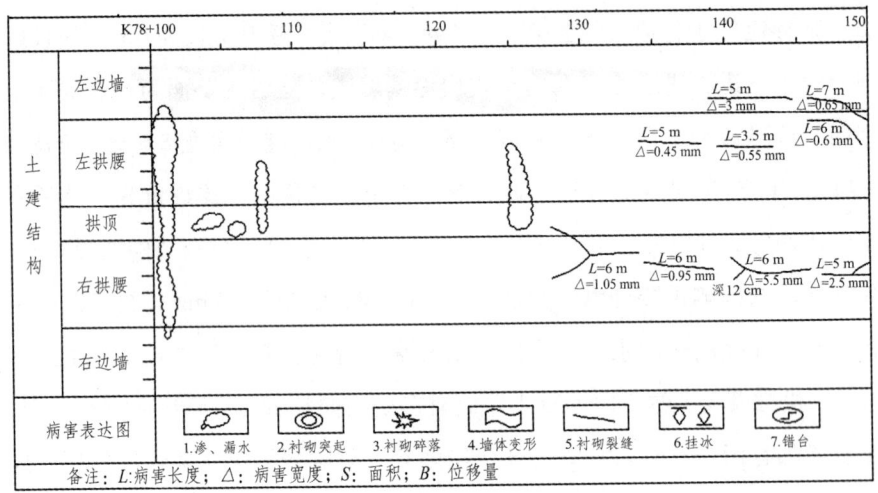

图 3.4.1 隧道病害展示图

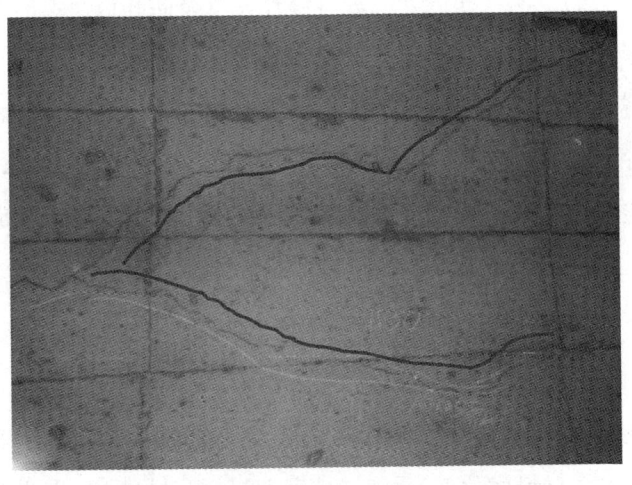

图 3.4.2 K78+131 处右拱腰纵向裂缝

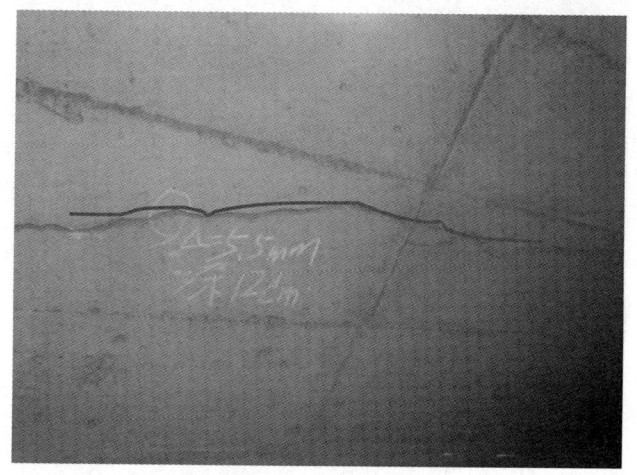

图 3.4.3　K78+141 处右拱腰纵向裂缝

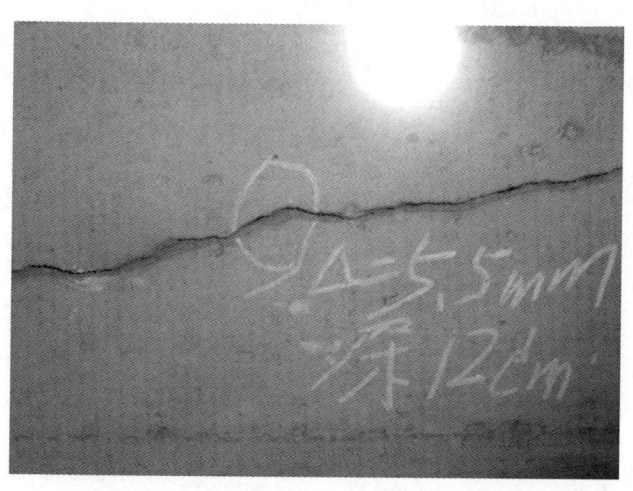

图 3.4.4　K78+141 处右拱腰纵向裂缝

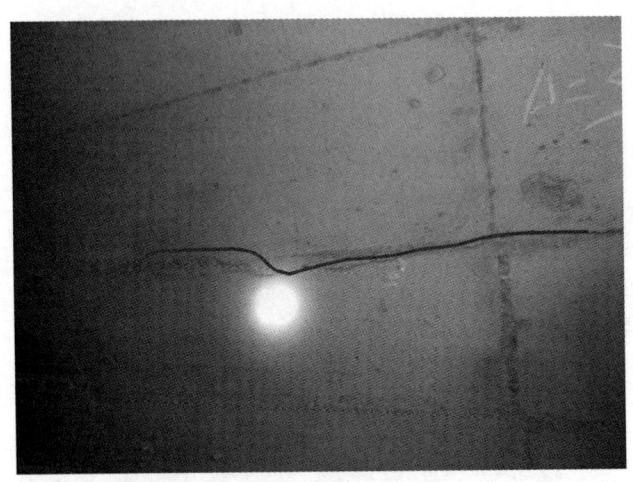

图 3.4.5　K78+141 处左拱腰纵向裂缝

$$G = \begin{Bmatrix} 1 & 5 & 3 \\ 1/5 & 1 & 1/3 \\ 1/3 & 3 & 1 \end{Bmatrix} \qquad (3.4.1)$$

先将判断矩阵的每列归一化，然后按行求和计算出各因素的权重：

$$a = (0.634 \quad 0.106 \quad 0.260) \qquad (3.4.2)$$

最大特征值：

$$\lambda_{\max} = 3.039 \qquad (3.4.3)$$

一致性指标：

$$C = 0.019 \qquad (3.4.4)$$

随机一致性比例：

$$C_R = 0.033 < 0.1 \qquad (3.4.5)$$

权重可接受。

同法可得各二级因素相对一级因素重要性的权重系数为

$$A = \begin{Bmatrix} 0.200 & 0.600 & 0.200 \\ 0.455 & 0.090 & 0.455 \\ 0.260 & 0.106 & 0.634 \end{Bmatrix} \qquad (3.4.6)$$

参照表 3.3.1 对各二级因素评定类别，经归一化得各一级因素外部荷载 U1、材料劣化 U2 和渗漏情况 U3 关于相应的二级因素的单因素评判矩阵，分别见式（3.4.7）~（3.4.9）。由于涉及较多定性标准，因此评定类别是一个范围而不是确定的值，具体如表 3.4.1 所示，不同的技术人员可能给出不同的评判，所以采用模糊评判当数对症下药。笔者无从了解各技术人员对病害程度的不同评判，为便于研究，此处结合个人看法拟定相关评判因子。

表 3.4.1 二级因素评定类别

序号	二级因素	病害简述	评定类别	备注
1	结构变形 U11	未见反映结构变形和位移	1~2 类	
2	结构裂损 U12	裂缝较密集，主要位于隧道上半部	3~5 类	
3	背后空洞 U13	未见反映背后空洞	1~3 类	
4	起层剥落 U21	未见反映起层剥落	1~3 类	
5	钢筋锈蚀 U22	未见反映钢筋锈蚀	1~2 类	裂缝较密集，钢筋局部锈蚀可能性较大
6	衬砌劣化 U23	未见反映衬砌劣化	1~2 类	
7	拱部渗漏 U31	有拱部渗漏	2~3 类	
8	侧墙渗漏 U32	未见反映侧墙渗漏	1~2 类	
9	路面渗漏 U33	有路面渗漏	2~3 类	

$$R_1 = \begin{Bmatrix} 0.6 & 0.4 & 0 & 0 & 0 \\ 0 & 0 & 0.1 & 0.8 & 0.1 \\ 0.3 & 0.4 & 0.3 & 0 & 0 \end{Bmatrix} \quad (3.4.7)$$

$$R_2 = \begin{Bmatrix} 0.6 & 0.3 & 0.1 & 0 & 0 \\ 0.2 & 0.8 & 0 & 0 & 0 \\ 0.3 & 0.7 & 0 & 0 & 0 \end{Bmatrix} \quad (3.4.8)$$

$$R_3 = \begin{Bmatrix} 0 & 0.5 & 0.5 & 0 & 0 \\ 0.3 & 0.7 & 1 & 0 & 0 \\ 0 & 0.5 & 0.5 & 0 & 0 \end{Bmatrix} \quad (3.4.9)$$

利用 $b_i = a_i R_i$ 可得关于各一级因素性能的评判如下：

$$R = \begin{Bmatrix} 0.180 & 0.160 & 0.120 & 0.480 & 0.060 \\ 0.303 & 0.374 & 0.323 & 0 & 0 \\ 0.032 & 0.521 & 0.447 & 0 & 0 \end{Bmatrix} \quad (3.4.10)$$

再利用 $b = aR$ 可得综合评判结果为

$$b = (0.145 \quad 0.210 \quad 0.210 \quad 0.387 \quad 0.048) \quad (3.4.11)$$

根据最大隶属度原则，评估结果为 4 类。

3.4.3 对比分析

根据上述计算结果可以看出，模糊综合评判可以得到和《规范》评分一致的结果，其主要的差别在于：《规范》评分是按最不利情况进行评定的，是确定值，而模糊评判是综合考虑内因和外因得出的评价，其结果描述的是一种可能性，是一种更为恰当的数学表达。从这个角度看，与《规范》评分的方法相比，模糊评判在理论上更符合隧道健康的实际状况。但从计算过程看，模糊评判也存在一些问题，具体内容如下：

（1）在上述综合评判中，因素权重直接影响综合评判的结果。确定因素权重的方法有统计方法、模糊协调决策法、模糊关系方程法和层次分析法等，本章研究采用层次分析法。无论哪种方法都极具主观色彩，存在失真的可能性。《规范》评分也涉及权重（笔者注：《规范》是关于隧道洞口、洞门、衬砌、路面、检修道、排水设施、吊顶、内装饰、交通标志线等分项的权重，本章仅研究其中的衬砌），它是通过全国征求意见后经统计分析后提出的，这是一般的研究项目很难或者无法做到的。另外，目前整个行业对隧道病害发展机理的认识不足，以主观反映客观，失真的可能性较大。

（2）《规范》评分涉及较多定性的标准，对这些标准的主观判断，采用模糊评判的数学解释是比较恰当的。举例说明，上述案例中，最严重的病害是结构裂损，其中尤为显著的是隧道右拱腰处的一处纵向裂缝，长6 m、宽5.5 cm、深12 cm，按《规范》标准可评定为3~5类，检测报告的技术评定为4类，而模糊评判则考虑了3~5类的各种可能性。但是，如何准确地描述这种可能性是值得探讨的，多数相关文献中的类似算例采用了统计专家评分的方法。对此笔者认为，从实用性的角度，模糊评判的关键在于建立符合实际的隶属函数，罗鑫在这方面做了非常有益的尝试，但其准确性还有待商榷。

（3）《规范》评分是按最不利情况进行评定的，而模糊评判是综合考虑各种因素的总体评价，在某些范围，采用模糊评判更符合隧道健康的实际情况。举例说明，上述案例中，主要病害体现在裂缝（4类）和渗水（2类），未见反映结构变形、背后空洞、起层剥落、钢筋锈蚀、衬砌劣化等病害，按最不利情况，检测报告的技术评定为4类，设若同时存在上述多种病害（4类及以下），《规范》评分是不能体现这种差异的。然而，针对某种病害比较严重的情况，模糊综合评判也存在问题。例如，隧道渗漏严重，可确定单项已达5类标准，但由于不存在其他病害或者程度较轻，那么综合评判可能得出4类及以下标准，这与我们的常识是相悖的，就好比腿疾严重的病人，不能因为其他指标正常去搞所谓的综合评定，必须尽快就医。《规范》规定，隧道重要分项的评定状况值达到 3 或 4 时，应直接评为 4 类或 5 类，或许正是基于这种考虑。因此，模糊评判适用于"不甚明确"的健康状况，比如说《规范》提倡的预防性养护所涉及的范畴，对病害比较严重的情况，不适合采用模糊评判的方法，即便通过某种改进的算法，也是没有太大意义的。

3.5 本章小结

本章首先介绍模糊综合评判的基本方法和步骤，然后参照《规范》内容构建了隧道衬砌的健康评价体系，拟定了相应的评价指标，最后结合具体案例进行了模糊评判的计算，并与《规范》评分进行对比分析，旨在研究模糊评估的特点和实用价值，为本项目后续研究提供思路，主要研究结论如下：

（1）《规范》评分是按最不利情况进行评定的，而模糊评判是综合考虑内因和外因得出的评价，其结果描述的是一种可能性，是更为严谨的数学表述。模糊评判在理论上更符合隧道健康的实际状况，是未来研究的方向。

（2）模糊评估就方法本身而言具有主观色彩，而主观是否符合客观实际，取决于我们对隧道病害发展机理的认识程度。从实用性的角度，模糊评估在因素权重、技术标准和隶属函数等方面还需深入研究。

（3）模糊评判比较适用于"不甚明确"的健康状况，比如说《规范》提倡的预防性养护所涉及的范畴，对病害比较严重的情况，采用模糊评判是没有太大意义的。

第 4 章

均衡健康模型探索

4.1 概　述

如前所述，隧道健康状况评估的方法，其主流大致可分为三类，即：标准评分法、力学分析法和模糊评价法。标准评分法根据经验将隧道病害划分为若干子项，每项根据检测情况按一定的技术标准进行评分，然后根据各项评分对隧道的健康状态进行综合评价，各国相关的行业标准和规范基本上都采用此类方法；力学分析法在分析隧道病害调查和检测结果的基础上，建立隧道力学计算模型以分析隧道结构的健康状态，可用于具体的或特定的案例分析或者相关标准的研究；模糊评估法根据隧道调查和检测数据，利用模糊数学及相关的基本原理建立隧道健康状况的综合评价模型，此类方法在理论上较为契合健康评估的特点，但目前的实际应用并不多，它在评价指标的选取、指标体系的建立、指标的定量判定标准、指标权值的确定方法、评价模型的建立等方面都还有待于深入研究（罗鑫，2007）。总体上看，至少在现阶段，上述三种方法均存在不少问题，亟待进一步补充和完善。本章研究结合力学分析和模糊评价的方法，提出了均衡评估模型，旨在探索隧道物理力学参数分布特征与结构安全性之间的关系。

均衡评估模型，顾名思义，均即均匀，衡即平衡，具体到本章研究，即通过隧道相关物理力学参数（围岩压力和地层抗力）分布的均匀性和平衡性，来推断或评价隧道健康状况的算法或模型。而隧道围岩压力和地层抗力分布的均匀性和平衡性问题，主要源于隧道衬砌背后回填不当所致的空洞或者接触不密实。日本于1986年进行了一次既有隧道的抽查，在调查的211座隧道中，衬砌背后无回填的比有回填的病害发生多得多，前者约占84%（关宝树，1993）。J.A.Richards（1998）认为，公路隧道衬砌由于开裂和变形而劣化的原因主要是衬砌围岩压力过大，衬砌混凝土材料劣化和衬砌后接触非密实甚至在衬砌背后出现空洞。从调查资料来看,大约60%的隧道衬砌劣化原因是衬砌后接触条件的恶化导致的。宋瑞刚（2004）认为,衬砌结构与围岩结合不紧密性恶化了衬砌的受力条件,导致围岩进一步松动,是造成衬砌裂损的一个重要原因。李明（2011）认为,隧道衬砌背后的空洞会造成衬砌受力不均衡,形成偏压效应,引发或加剧其他类型的衬砌病害,严重影响隧道结构的健康状况。综上所述,本章研究是非常有必要的。

均衡评估模型,首先建立隧道荷载结构力学模型,其中的围岩压力和地层抗力是按设定限值随机分布的,根据该力学模型计算大量工况的结构内力分布,进而计算相应的结构安全系数;其次,按一定的统计指标来界定上述工况围岩压力和地层抗力分布的均衡程度;最后,统计上述工况围岩压力和地层抗力分布的均衡程度与结构安全系数之间关系,探索其中的规律。值得一提的是,尽管我们知道,隧道围岩压力和地层抗力分布不均衡在某种程度上降低了结构的安全性,但两者之间的关系是模糊的而不是绝对的,因此本章研究应用了模糊数学的统计方法。本章研究表明,隧道拱腰以下范围地层抗力分布的均衡性对隧道结构安全性的影响比较显著。

4.2 均衡数学模型

4.2.1 结构内力计算

隧道结构内力计算采用荷载结构力学模型,如图 4.2.1 所示,隧道结构承受围岩压力,以弹簧模拟地层抗力,反映围岩与结构之间的相互作用。

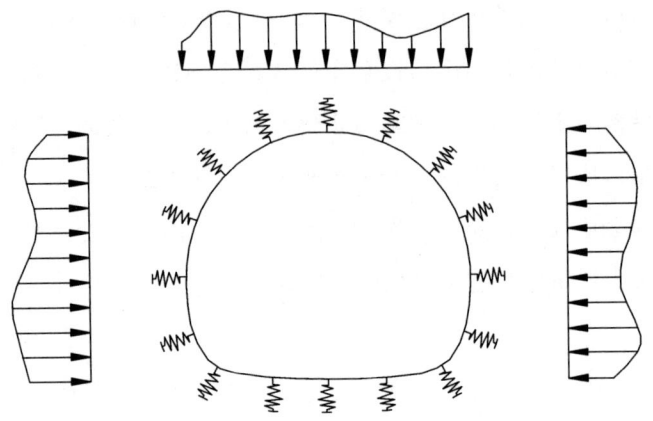

图 4.2.1 荷载结构力学模型计算简图

与我们熟知的荷载结构力学模型不同，此处的围岩压力和地层抗力为不均布的变量。隧道结构上任一点径向的围岩压力和地层抗力分别按式（4.2.1）和式（4.2.2）所示。

$$q_i = \xi \cdot q_b \tag{4.2.1}$$

式中：q_i——某点径向的围岩压力（kN/m^2）；

ξ——0~1之间的随机函数；

q_b——围岩压力基准值（kN/m^2），宜根据统计数据确定。

$$k_i = \xi \cdot k_b \tag{4.2.2}$$

式中：k_i——某点径向的地层抗力（kN/m^3）；

k_b——地层抗力基准值（kN/m^3），宜根据统计数据确定。

相关的物理意义：无压力无抗力（即 $q_i = 0$ 且 $k_i = 0$）表示此处有空洞；无压力有抗力（即 $q_i = 0$ 且 $k_i > 0$）表示此处围岩比较好；有压力无抗力（即 $q_i > 0$ 且 $k_i = 0$）表示此处围岩比较差；而有压力有抗力（即 $q_i > 0$ 且 $k_i > 0$）则属于绝大多数的一般情况。

4.2.2 参数分布特征

本章主要研究围岩压力 q_i 和地层抗力 k_i 的分布特征与隧道结构综合安全系数 K 之间的关系，而围岩压力 q_i 和地层抗力 k_i 的分布特征可用平均值 μ、标准差 σ、变异系数 $C \cdot V$ 和对称系数 $C \cdot \phi$ 等统计量表示，具体内容如下：

平均值，反映数据分布的集中趋势。

$$\mu = \frac{1}{N}\sum_{i=1}^{N} x_i = \frac{x_1 + x_2 + \cdots + x_N}{N} \quad (4.2.3)$$

标准差，反映数据分布的变异程度。

$$\sigma = \sqrt{\frac{1}{N}\sum_{i=1}^{N}(x_i - \mu)^2} \quad (4.2.4)$$

变异系数：

$$C \cdot V = \frac{\sigma}{\mu} \times 100\% \quad (4.2.5)$$

另外，为便于研究，笔者引入失衡系数（即失去平衡）的概念，以反映数据分布的对称性。

$$C \cdot \phi = \frac{1}{\mu N}\sum_{i=1}^{n}|x_i - x_i'| \quad (4.2.6)$$

式中：x_i，x_i'——对称位置的一组数据；

N——节点数；

n——对称组数，$n = (N-2)/2$。

其几何意义为，图形沿指定轴线对折，左右两侧不能重叠的面积之和与总面积的比值，其值介于 0~1 之间，0 表示完全对称，即平衡，1 表示完全不对称，即失去平衡。

4.2.3 模糊数学评判

从概念上讲，隧道结构的安全性会随着相关物理力学参数分布的均衡性的降低而降低，但两者之间的关系是模糊的，对于特定的工况，较低的均衡性并不绝对意味着较低的安全性，反之亦然，因此本章研究采用了模糊数学的统计方法。

隶属度的思想是模糊数学的基本思想，应用模糊数学方法的关键在于建立符合实际的隶属函数，确定隶属函数的方法有模糊统计方法、指派方法、二元对比排序法等（谢季坚，2012），本章研究采用模糊统计方法，即将变异系数或失衡系数范围均匀分组，统计各分组中隧道结构评定类别出现的频次和频率，进而得到各评定类别的隶属函数图形。

4.3 内力计算程序

4.3.1 内力计算力学模型

在隧道设计及计算方法中，有两种主要的理论分析方法，即结构力学方法和岩体力学方法，前者采用荷载结构模型，即把岩体作为给定荷载，把支护作为承载结构，这种方法概念清晰、计算简便，易为工程师们所接受，目前仍被广泛采用。根据现行设计规范，深埋隧道中的整体式衬砌、浅埋隧道中的整体或复合式衬砌及明洞衬砌等应采用荷载结构法计算，深埋隧道中复合式衬砌的二次衬砌也可采用荷载结构法计算。

计算荷载结构模型的关键在于确定适当的荷载。实践指出，荷载的分布是不均匀的，具有一定的随机性。设计阶段可根据实测数据的统计结果，按一定的保证概率假定相应的荷载分布。根据现行设计规范，隧道松散荷载是按拱顶垂直均布压力和水平均布（或梯形分布）压力考虑的，这种处理方法，基本上能满足结构设计的要求，但不适用于运营阶段的结构验算，后者显然应采取实测数据进行受力分析。

鉴于上述情况，本章研究采用了所谓的通用荷载结构模型，该力学模型可根据需要考虑非均布的围岩压力和地层抗力以及不均匀的衬砌厚度等，既可用于设计阶段的受力验算，也更适用于运营阶段的结构分析，但与之相伴的是更为复杂和烦琐的计算过程。

通用荷载结构模型如图 4.3.1 所示，为体现通用性，相关力学参数设置为函数变量。其中，隧道拱顶垂直分布压力函数为 $q(x)$，侧墙水平分布压力函数为 $e_1(y)$ 和 $e_2(y)$，地层径向抗力分布函数为 $k(i)$，衬砌厚度分布函数为 $h(i)$。如果需要，还可以考虑衬砌弹模分布函数 $E(i)$ 和地层切向抗力分布函数 $k'(i)$ 等。前述 (x,y)、i 分别指某点的坐标和位置，两者是一一对应的关系。

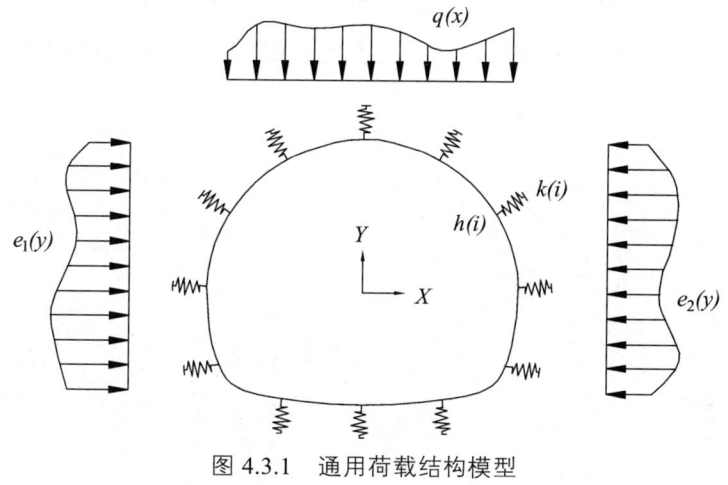

图 4.3.1　通用荷载结构模型

4.3.2　运用 ANSYS 前处理

ANSYS 软件是最为常用的结构分析软件之一，以往有很多用来计算隧道荷载结构模型的案例，但对具体的运用方法，却少见相关的文献论述或语焉不详，或许因为模型本身存在诸多问题导致计算结果与实际不符，相应的计算过程也就未能引起足够的关注。在笔者看来，至少对运营阶段二次衬砌的受力分析，荷载结构模型的实用性是毋庸置疑的。因此，本章还论述了 ANSYS 计算隧道荷载结构模型的具体方法，可供参考。

1. 隧道衬砌模拟单元

参照以往计算荷载结构模型的做法，可采用梁单元 BEAM3（2D 弹性等截面梁）或梁单元 BEAM54（2D 弹性锥状非对称梁）模拟隧道衬砌。

BEAM3 单元是一种可承受拉、压、弯作用的单轴单元。单元的每个节点有三个自由度，即沿 x 和 y 方向的线位移及绕 Z 轴的角位移。BEAM54 也是单轴单元，能承受拉压与弯曲，此单元每个节点上有 3 个自由度，即沿 x 和 y 轴的位移和绕 z 轴的转动，单元允许具有不对称的端面结构，并且允许端面节点偏离截面形心位置。梁单元 BEAM3 和梁单元 BEAM54 的单元几何图形如图 4.3.2 所示。

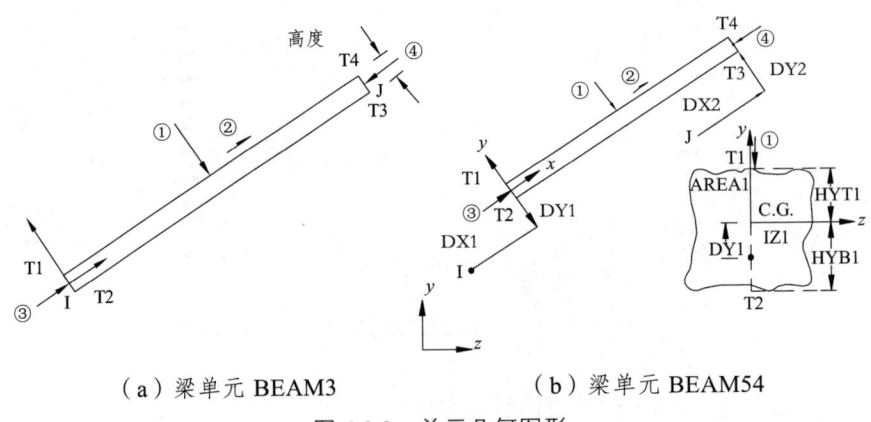

（a）梁单元 BEAM3　　　　（b）梁单元 BEAM54

图 4.3.2　单元几何图形

为比较梁单元 BEAM3 和梁单元 BEAM54，选择两道具代表性的例题

(验证例题 1 和验证例题 2),分别采用梁单元 BEAM3 和梁单元 BEAM54 进行计算。

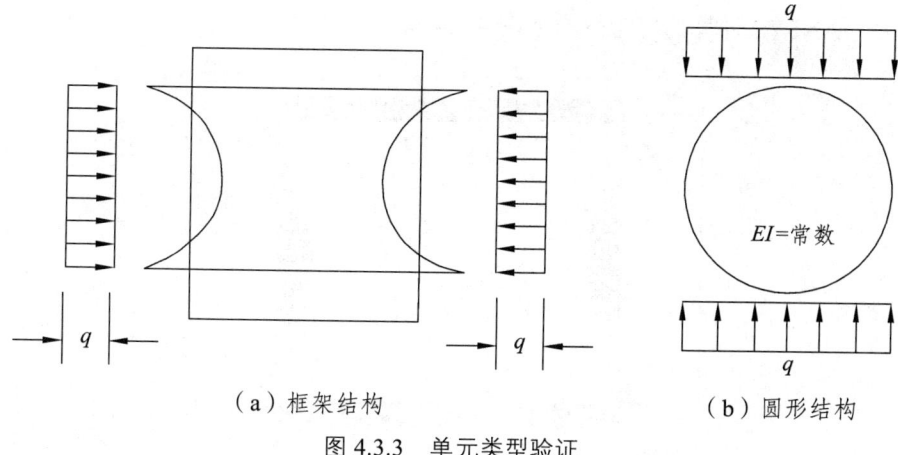

(a) 框架结构　　　　　　(b) 圆形结构

图 4.3.3　单元类型验证

【验证例题 1】　如图 4.3.3(a) 所示,框架结构,$E = 3 \times 10^4 \text{ N/mm}^2$,横向长度 $l = 6 \text{ m}$(截面尺寸 $b \times h_1 = 1.0 \text{ m} \times 0.5 \text{ m}$),竖向高度 $w = 5 \text{ m}$(截面尺寸 $b \times h_2 = 1.0 \text{ m} \times 0.4 \text{ m}$),水平荷载 $q = 100 \text{ kN/m}$,特征位置弯矩的解析值如下:

角部弯矩:

$$M_1 = \frac{k}{12(k+1)} qw^2$$

$$= \frac{1.63}{12 \times (1.63+1)} \times 100 \times 5^2 = 129.0 \text{ (kN·m)} \quad (4.3.1)$$

其中:

$$k = \frac{Wh_1^3}{lh_2^3} = \frac{5 \times 0.5^3}{6 \times 0.4^3} = 1.63 \quad (4.3.2)$$

竖向跨中弯矩:

$$M_2 = M_1 - \frac{1}{8}qw^2 = 129.0 - \frac{1}{8} \times 100 \times 5^2$$
$$= -183.5 \,(\text{kN} \cdot \text{m}) \tag{4.3.3}$$

ANSYS 计算的弯矩分布如图 4.3.4 所示。

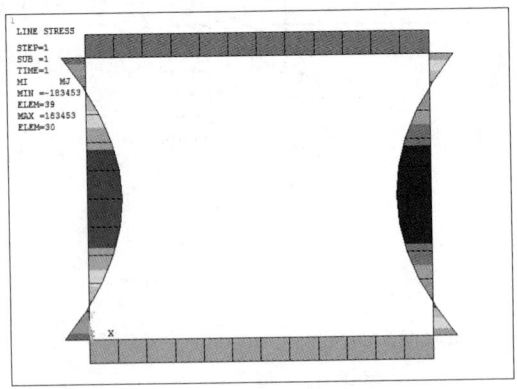

（a）梁单元 BEAM3

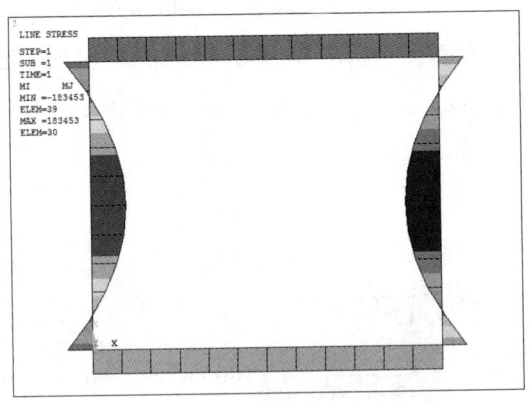

（b）梁单元 BEAM54

图 4.3.4　验证例题 1 的弯矩分布

【验证例题 2】　如图 4.3.3（b）所示，圆形结构，$E = 3 \times 10^4 \,\text{N/mm}^2$，结构半径 $R = 3\,\text{m}$（截面尺寸 $b \times h = 1.0\,\text{m} \times 0.3\,\text{m}$），竖向荷载 $q = 200\,\text{kN/m}$，特征位置弯矩的解析值如下：

圆形结构的内侧弯矩：

$$M_1 = -\frac{1}{4}qr^2 = \frac{1}{4} \times 200 \times 3^2 = -450 \,(\text{kN} \cdot \text{m}) \quad (4.3.4)$$

圆形结构的外侧弯矩：

$$M_2 = \frac{1}{4}qr^2 = \frac{1}{4} \times 200 \times 3^2 = 450 \,(\text{kN} \cdot \text{m}) \quad (4.3.5)$$

ANSYS 计算的弯矩分布如图 4.3.5 所示。

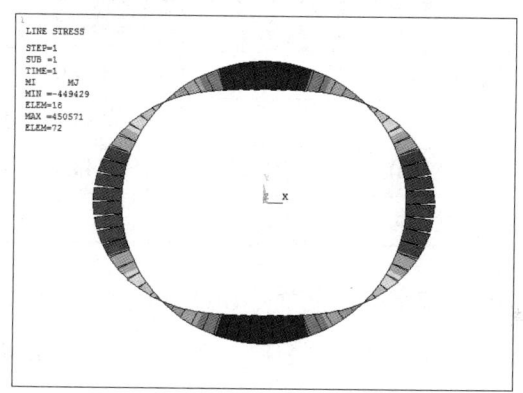

（a）梁单元 BEAM3

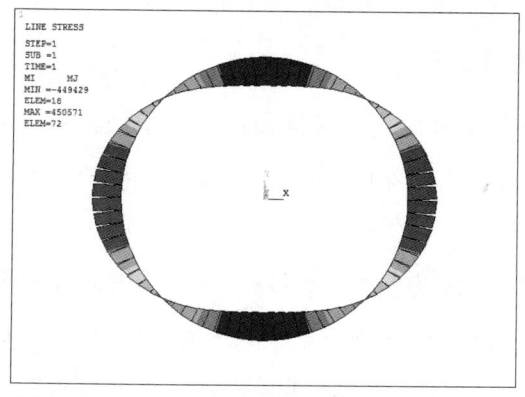

（b）梁单元 BEAM54

图 4.3.5　验证例题 2 的弯矩分布

可以看出，上述两道例题分别采用梁单元 BEAM3 和梁单元 BEAM54 计算的弯矩分布是完全一致的（笔者注：根据后面关于加载方式的分析，此处两种单元均采用单元表面荷载的加载方式）。对比特征位置的弯矩解析值与 ANSYS 计算值，如表 4.3.1 所示，可以看出，部分 ANSYS 计算值与解析值略有差异。笔者认为，在有限元分析中，以折线单元近似模拟弧线结构是导致差异的主要原因。

表 4.3.1　梁单元 BEAM3 和梁单元 BEAM54 计算结果比较

验证例题	对象	解析值	BEAM3 单元	BEAM54 单元
验证例题 1	$M_1/(kN \cdot m)$	+129.0	+129.0	+129.0
	$M_2/(kN \cdot m)$	−183.5	−183.5	−183.5
验证例题 2	$M_1/(kN \cdot m)$	−450.0	−449.4	−449.4
	$M_2/(kN \cdot m)$	+450.0	+450.6	+450.6

综上所述，一般情况下采用梁单元 BEAM3 或梁单元 BEAM54 模拟隧道衬砌均是可行的，但就通用计算程序而言，梁单元 BEAM54 显然更便于模拟变截面的隧道衬砌。除特别注明外，此后的计算分析均采用梁单元 BEAM54（2D 弹性锥状非对称梁）来模拟隧道衬砌。

2. 地层抗力模拟单元

参照以往计算荷载结构模型的做法，可采用弹簧单元 COMBIN14（弹簧-阻尼器）或杆单元 LINK10（3D 仅受拉或仅受压杆单元）模拟地层抗力。

COMBIN14 单元具有一维，二维或三维应用中的轴向或扭转的性能。轴向的弹簧-阻尼器选项是一维的拉伸或压缩单元。它的每个节点具有三个自由度，即 x、y、z 的轴向移动，它不能考虑弯曲或扭转。COMBIN14 单元几何形状如图 4.3.6 所示。

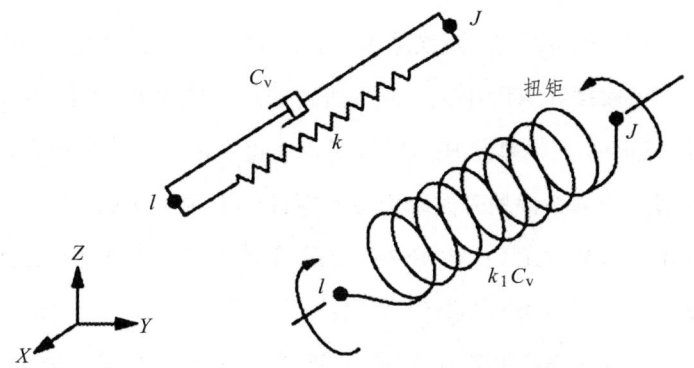

图 4.3.6　COMBIN14 单元几何形状

LINK10 单元独一无二的双线性刚度矩阵特性使其成为一个轴向仅受拉或仅受压杆单元。使用只受压选项时，如果单元受拉，刚度就消失，以此来模拟失效的地层抗力。LINK10 单元在每个节点上有三个自由度，即沿节点坐标系 X、Y、Z 方向的平动，不管是仅受拉选项，还是仅受压选项，本单元都不包括弯曲刚度。LINK10 单元几何形状如图 4.3.7 所示。

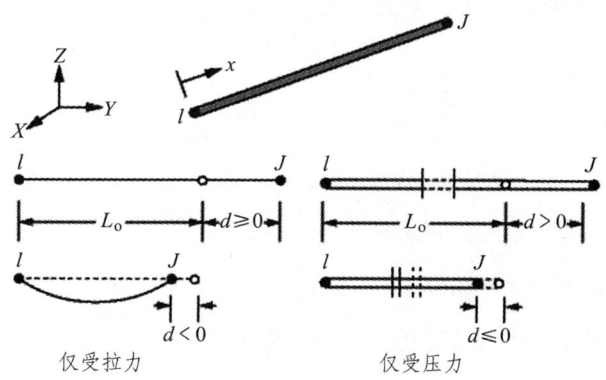

图 4.3.7　LINK10 单元几何图形

根据 ANSYS 帮助文件可知，弹簧单元 COMBIN14 的实常数相对简洁和直观，但在结构分析过程中，弹簧单元 COMBIN14 不能像杆单元 LINK10 那样模拟失效的地层抗力。也有一些计算案例采用弹簧单元 COMBIN14，通过上一次计算的变形量，逐次取消受拉弹簧，这样的分析过程相对烦琐，尤其不适用于通用计算程序，因此本研究采用杆单元 LINK10 模拟地层抗力。值得一提的是，梁单元 BEAM54 可以通过实常数（弹性地基刚度 EFS）设置由普通梁变为弹性地基梁，但也不能像杆单元 LINK10 模拟失效的地层抗力，如同弹簧单元 COMBIN14，也需在计算过程中逐次取消弹性地基刚度 EFS 设置，故本章研究未予采用。

采用杆单元 LINK10 则需要对其实常数进行等效处理，等效的原则是地层与单元有相同的内力 F 和变形 δ。

地层抗力的力学关系如下式所示：

$$F = kA_1\delta \quad (4.3.6)$$

式中：k——地层抗力系数（kN/m^3）；

$\quad\quad A_1$——地层受力面积（m^2）。

LINK10 单元的力学关系如下式所示：

$$F = \frac{EA_2}{L}\delta \quad (4.3.7)$$

式中：E——单元弹性模量（kN/m^2）；

$\quad\quad A_2$——单元截面面积（m^2）；

$\quad\quad L$——单元长度（m）。

若以 LINK10 单元模拟地层抗力，则有

$$kA_1 = \frac{EA_2}{L} \quad (4.3.8)$$

为便于参数设定，不妨以 E、L 为常量，以 A_2 为变量，则有

$$A_2 = \frac{kL}{E}A_1 = \frac{\varphi k_0 L}{E}A_1 \quad (4.3.9)$$

式中：φ ——地层抗力折减系数；

k_0 ——地层抗力基准值（kN/m³）。

为便于建立有限元模型，不妨设定 $E = k_0$，$L = 0.5$（笔者注：按杆单元 LINK10 长度为 0.5 m 的标准建模），则有

$$A_2 = 0.5\varphi A_1 \tag{4.3.10}$$

3. 加载方式比选

隧道结构的有限元模型可以施加单元表面荷载或等效节点荷载，变力学模型为有限元模型，两种加载方式均涉及对围岩压力的等效处理。可能因为习惯，目前大多采用等效节点荷载或近似的等效节点荷载，本章研究拟对两种加载方式进行比较。

首先，分析单元表面荷载，力学模型的围岩压力（分布荷载）可分为整体坐标系中的 X 向和 Y 向，而根据 BEAM54 单元的几何图形（见图 4.3.2），施加单元表面荷载可分为两个方向，分别以单元坐标系的 $-Y$ 向和 $+X$ 向为压力正值作用方向，因此需将整体坐标系中的 X 向和 Y 向的分布荷载等效转换为单元坐标系中 X 向和 Y 向的分布荷载。上述等效转换的步骤为，先将整体坐标系中的分布荷载等效为集中荷载，再将集中荷载按单元坐标系方向分解，最后将分解的集中荷载等效为分布荷载，具体过程如下：

取微元 $\mathrm{d}l$，方位角 $\theta(0 < \theta \leqslant 2\pi)$，$x$ 轴和 y 轴投影长度分别为 $\mathrm{d}x$ 和 $\mathrm{d}y$，其上作用竖向均布荷载 q 和水平均布荷载 e（微元即可认为均布），如图 4.3.8 所示。

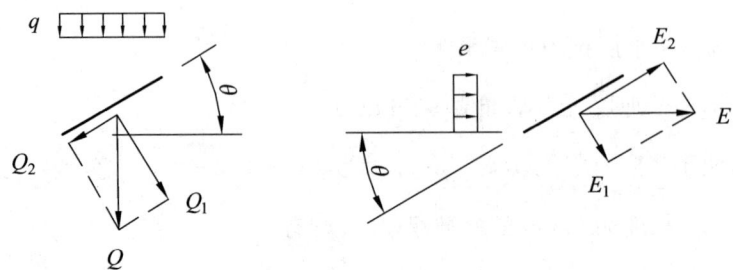

图 4.3.8　荷载分解图示

竖向均布荷载 q 的等效集中荷载：

$$Q = q \cdot dx \tag{4.3.11}$$

再按单元坐标系的 X 向和 Y 向分解：

$$\begin{cases} Q_1 = Q\cos\theta = q \cdot dx \cdot \cos\theta \\ Q_2 = Q\sin\theta = q \cdot dx \cdot \sin\theta \end{cases} \tag{4.3.12}$$

分解荷载的等效分布荷载：

$$\begin{cases} q_1 = +\dfrac{Q_1}{dl} = +q \cdot \dfrac{dx}{dl} \cdot \cos\theta = +q \cdot \cos\theta \cdot \cos\theta \\ q_2 = -\dfrac{Q_2}{dl} = -q \cdot \dfrac{dx}{dl} \cdot \sin\theta = -q \cdot \cos\theta \cdot \sin\theta \end{cases} \tag{4.3.13}$$

水平均布荷载 e 的等效集中荷载：

$$E = e \cdot dy \tag{4.3.14}$$

再按单元坐标系的 X 向和 Y 向分解：

$$\begin{cases} E_1 = E\sin\theta = e \cdot dy \cdot \sin\theta \\ E_2 = E\cos\theta = e \cdot dy \cdot \cos\theta \end{cases} \tag{4.3.15}$$

分解荷载的等效分布荷载：

$$\begin{cases} e_1 = +\dfrac{E_1}{dl} = +e \cdot \dfrac{dy}{dl} \cdot \sin\theta = +e \cdot \sin\theta \cdot \sin\theta \\ e_2 = +\dfrac{E_2}{dl} = +e \cdot \dfrac{dy}{dl} \cdot \cos\theta = +e \cdot \sin\theta \cdot \cos\theta \end{cases} \tag{4.3.16}$$

如前所述，单元表面荷载的正负与单元坐标系有关。为避免混淆，结合隧道有限元模型，对各种方位角情况进行验证，验证结果如表 4.3.2 所示。

表 4.3.2　等效分布荷载正负验证表

方位角 θ	q_1 $q \cdot \cos\theta \cdot \cos\theta$	q_2 $-q \cdot \cos\theta \cdot \sin\theta$	e_1 $e \cdot \sin\theta \cdot \sin\theta$	e_2 $e \cdot \sin\theta \cdot \cos\theta$
$\theta = 0$	+1	0	0	0
$0 < \theta < \pi/2$	+	−	+	+
$\theta = \pi/2$	0	0	+1	0
$\pi/2 < \theta < \pi$	0	0	+	−
$\theta = \pi$	0	0	0	0
$\pi < \theta < 3\pi/2$	0	0	+	+
$\theta = 3\pi/2$	0	0	+1	0
$3\pi/2 < \theta < 2\pi$	+	+	+	−

将式（4.3.13）和式（4.3.16）相加，即为等效分布荷载的合力作用。

$$\begin{cases} f_1 = e_1 + q_1 = e \cdot \sin\theta \cdot \sin\theta + q \cdot \cos\theta \cdot \cos\theta \\ f_2 = e_2 + q_2 = e \cdot \sin\theta \cdot \cos\theta - q \cdot \cos\theta \cdot \sin\theta \end{cases} \quad (4.3.17)$$

值得注意的是，图 4.3.8 中的分布荷载 q 和 e 均只考虑大小而不考虑方向（或正负），单元表面荷载的方向（或正负）取决于方位角 θ，单元的方位角可按式（4.3.18）计算。

$$\theta = a\tan 2(x_j - x_i, y_j - y_i) \quad (4.3.18)$$

式中：$a\tan 2$ 为 VBA 内置函数。

其次，分析等效节点荷载。与单元表面荷载不同，等效节点荷载按整体坐标系而不是单元坐标系。根据结构力学基本原理，等效节点荷载如图

4.3.9 及式（4.3.19）~（4.3.21）所示。也有计算案例按节点两侧水平或垂直计算范围内分布荷载的合力近似作为等效节点荷载。

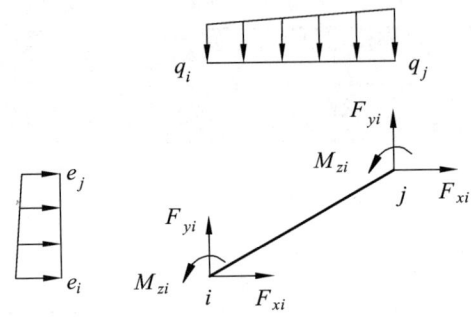

图 4.3.9　等效节点荷载图示

$$\begin{cases} F_{xi} = (0.35e_i + 0.15e_j) \times \Delta y \\ F_{xj} = (0.15e_i + 0.35e_j) \times \Delta y \end{cases} \quad (4.3.19)$$

式中：$\Delta y = y_j - y_i$

$$\begin{cases} F_{yi} = (0.35q_i + 0.15q_j) \times \Delta x \\ F_{yj} = (0.15q_i + 0.35q_j) \times \Delta x \end{cases} \quad (4.3.20)$$

式中：$\Delta x = x_j - x_i$

$$\begin{cases} M_{zi} = -(e_i/20 + e_j/30) \times \Delta y^2 + (q_i/20 + q_j/30) \times \Delta x^2 \\ M_{zj} = +(e_i/30 + e_j/20) \times \Delta y^2 + (q_i/30 + q_j/20) \times \Delta x^2 \end{cases} \quad (4.3.21)$$

值得注意的是，图 4.3.9 中的分布荷载 e_i、e_j、q_i、q_j 均只考虑大小而不考虑方向（或正负），等效节点荷载的方向（或正负）取决于单元的方位（或 Δx、Δy 的正负）。

最后，比较上述两种加载方式，选择两道具代表性的例题（验证例题 3 和验证例题 4），分别采用单元表面荷载和等效节点荷载进行计算。

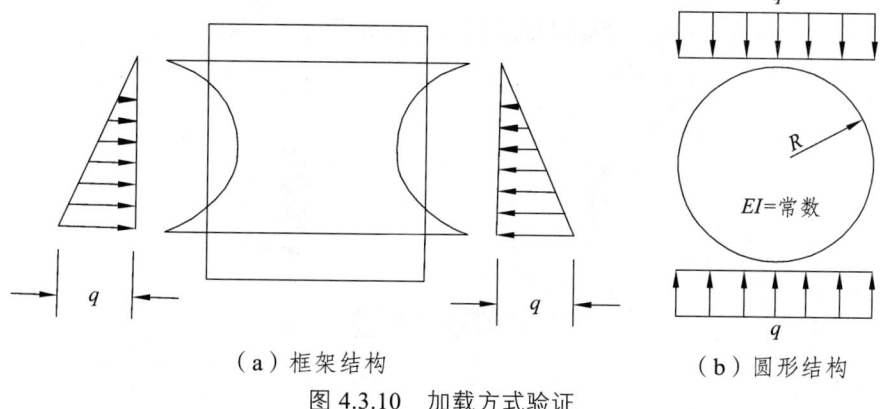

（a）框架结构　　　　　　　　（b）圆形结构

图 4.3.10　加载方式验证

【验证例题 3】　如图 4.3.10（a）所示：框架结构，$E = 3 \times 10^4 \text{ N/mm}^2$，横向长度 $l = 6 \text{ m}$（截面尺寸 $b \times h_1 = 1.0 \text{ m} \times 0.5 \text{ m}$），竖向高度 $w = 5 \text{ m}$（截面尺寸 $b \times h_2 = 1.0 \text{ m} \times 0.4 \text{ m}$），水平三角形荷载 $q = 100 \text{ kN/m}$，特征位置弯矩的解析值如下：

上角部弯矩：

$$M_1 = \frac{k(2k+7)}{60(k^2+4k+3)} qw^2$$

$$= \frac{1.63 \times (2 \times 1.63 + 7)}{60 \times (1.63^2 + 4 \times 1.63 + 3)} \times 100 \times 5^2$$

$$= 57.2 \text{ (kN·m)} \tag{4.3.22}$$

下角部弯矩：

$$M_2 = \frac{k(3k+8)}{60(k^2+4k+3)} qw^2$$

$$= \frac{1.63 \times (3 \times 1.63 + 8)}{60 \times (1.63^2 + 4 \times 1.63 + 3)} \times 100 \times 5^2$$

$$= 71.9 \text{ (kN·m)} \tag{4.3.23}$$

上两式中，k 值同式（4.3.2）。

ANSYS 计算的弯矩分布如图 4.3.11 所示。为便于对比分析，补充 ANSYS 计算的轴力分布和剪力分布，分别如图 4.3.12 和图 4.3.13 所示。

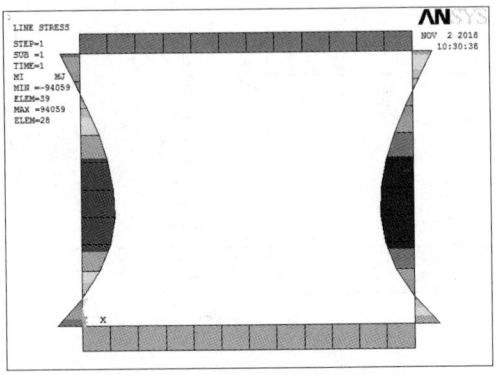

(a)单元表面荷载

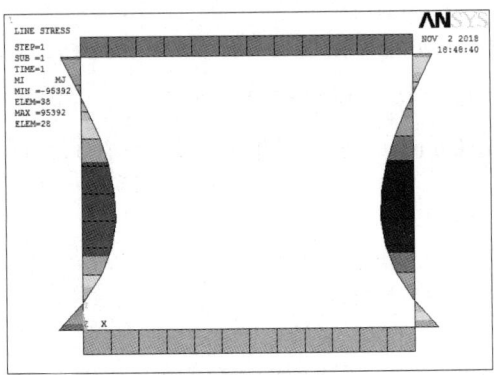

(b)等效节点荷载

图 4.3.11 验证例题 3 的弯矩分布

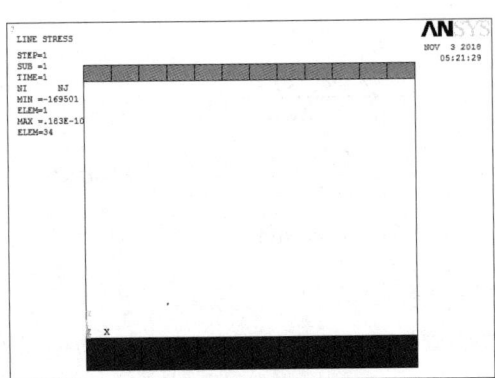

(a)单元表面荷载

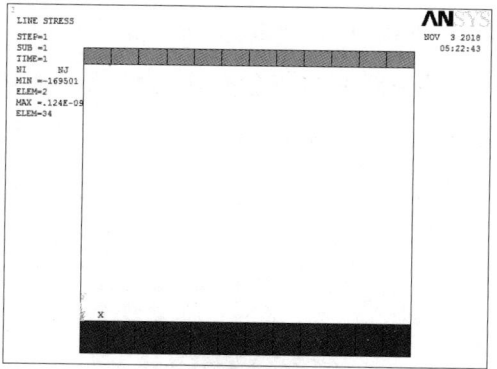

（b）等效节点荷载

图 4.3.12　验证例题 3 的轴力分布

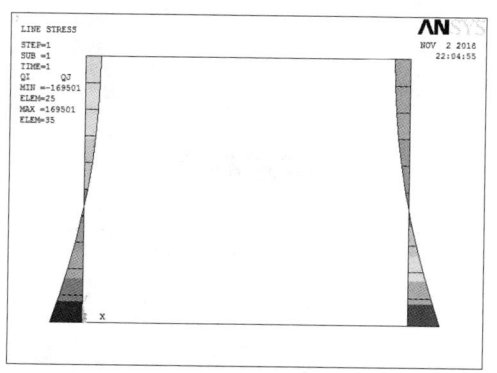

（a）单元表面荷载

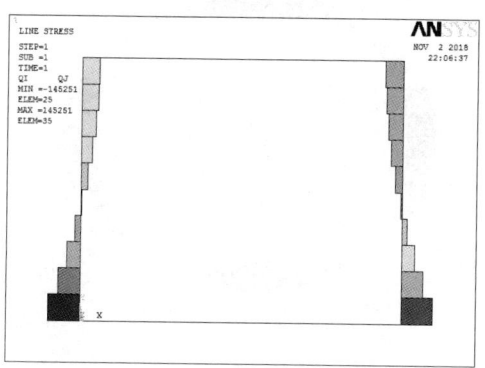

（b）等效节点荷载

图 4.3.13　验证例题 3 的剪力分布

【**验证例题 4**】 如图 4.3.10(b)所示，圆形结构，相关参数及特征位置弯矩的解析值与验证例题 2 完全相同，此处不再赘述。ANSYS 计算的弯矩分布如图 4.3.14 所示。为便于对比分析，补充 ANSYS 计算的轴力分布，如图 4.3.15 所示。

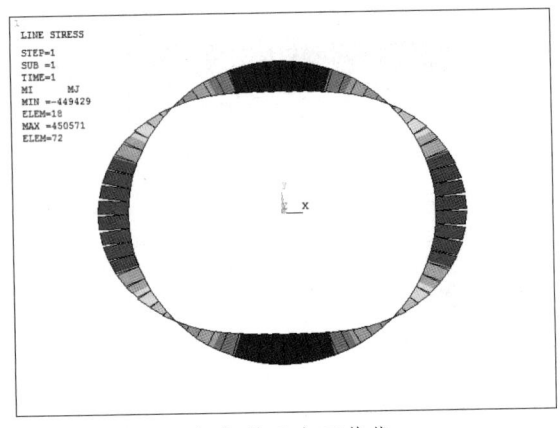

(a) 单元表面荷载

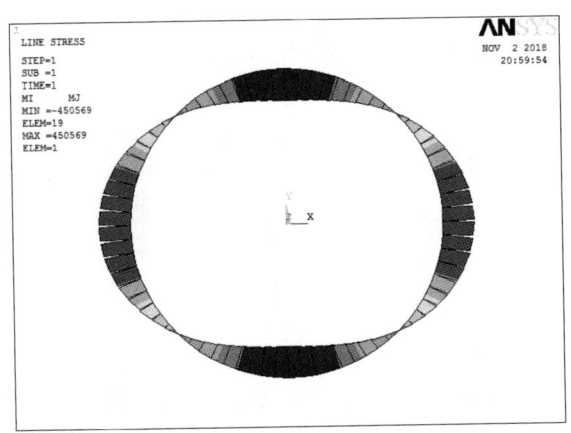

(b) 等效节点荷载

图 4.3.14 验证例题 4 的弯矩分布

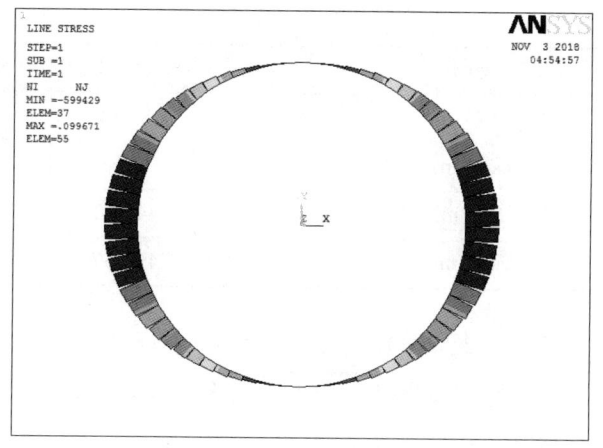

（a）单元表面荷载

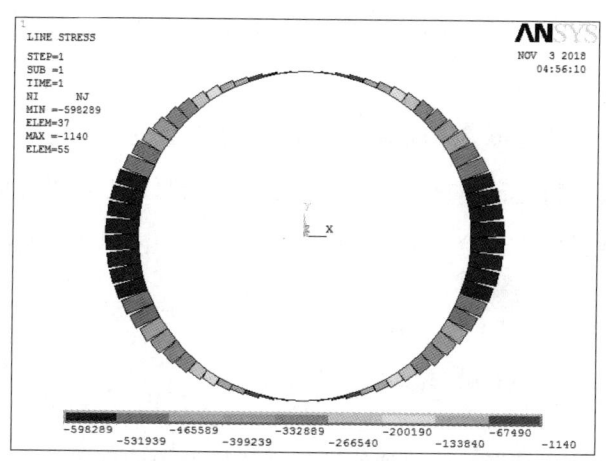

（b）等效节点荷载

图 4.3.15 验证例题 4 的轴力分布

可以看出，上述两道例题分别采用单元表面荷载和等效节点荷载计算的弯矩分布是基本一致的。对比 ANSYS 计算的特征位置弯矩与解析值，如表 4.3.3 所示，可以看出，部分 ANSYS 计算值与解析值略有差异。笔者认为，在有限元分析中，单元划分是导致差异的主要原因。

表 4.3.3　单元表面荷载和等效节点荷载计算结果比较

验证例题	对象	解析值	单元表面荷载	等效节点荷载
验证例题 3	M_1/(kN·m)	+57.2	+57.44	+57.44
	M_2/(kN·m)	+71.9	+71.61	+71.61
验证例题 4	M_1/(kN·m)	-450.0	-449.43	-450.57
	M_2/(kN·m)	+450.0	+450.57	+450.57

可以看出，与单元表面荷载相比，等效节点荷载导致明显突变的轴力或剪力，尽管不至于影响整体结构的受力验算，但毕竟是相对不准确的，带有明显近似计算的特征。另外，对比结果可以看出，等效节点荷载计算的角点最大剪力有明显误差，该误差取决于单元划分的大小，这也正是有限元法的基本原理。反过来也可以认为，单元表面荷载已考虑减少或避免有限元法的系统误差。

综上所述，施加单元表面荷载或等效节点荷载均是可行的，但笔者更倾向于单元表面荷载，不只因为上述系统误差问题，更重要的是，单元表面荷载更直观，更便于检查是否正确加载。除特别注明外，此后的计算分析均施加单元表面荷载。

4.3.3　运用 EXCEL 编程

为便于分析，笔者编制了通用荷载结构模型的计算程序，该程序结合有限元分析软件 ANSYS 和电子表格软件 Excel，通过批量自动处理数据，避免了大量重复性的人工操作。首先利用 Excel 软件便捷的数据处理功能和内嵌 VBA 工具生成 APDL 命令流文件，APDL 即 ANSYS 参数化设计语言，特别适用于隧道荷载结构模型计算，然后通过 VBA 编程后台调用 ANSYS 软件进行分析计算和后处理，最后将 ANSYS 软件后处理结果写入 Excel 并进行结构验算，以备进一步处理分析。

如前所述，通用荷载结构模型相关力学参数，诸如垂直分布压力、水平分布压力、地层径向抗力和衬砌厚度等都设置为函数变量，当然这些函数变量不难通过具体的数学公式来表述，需要先确定节点编号，节点编号与节点位置（坐标）是一一对应的关系，然后根据节点编号来输入相应的函数值，节点之间按线性变化，以此来反映各函数关系，如表 4.3.4 所示。

表 4.3.4 荷载结构模型函数变量（局部）

节点编号 n	节点坐标 X_i/m	节点坐标 Y_i/m	截面高度 h/m	地层抗力折减 φ_A	垂直压力 q/（kN/m）	水平压力 e/（kN/m）
21	−4.586	2.451	0.58	0.5	151.771	52.308
22	−4.324	2.889	0.56	0.5	152.527	50.347
23	−4.020	3.299	0.53	0.5	153.404	48.511
24	−3.677	3.677	0.52	0.5	154.393	46.819
25	−3.299	4.020	0.50	0.5	155.484	45.283

根据上述表格定义的各函数变量，可以通过 Excel 的图表功能直观反映各力学参数的变化趋势或规律，便于检查和分析，如图 4.3.16 所示。

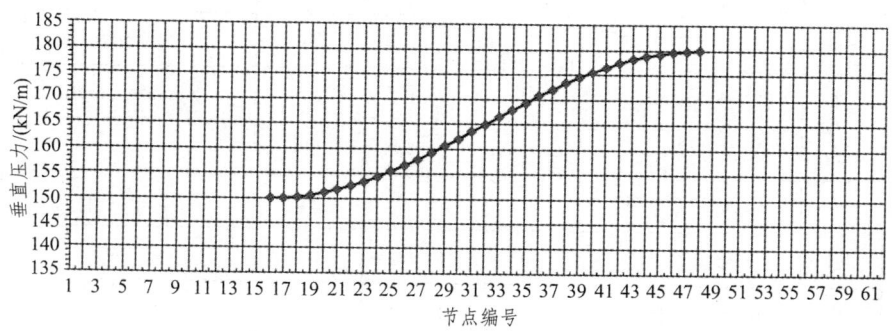

图 4.3.16 隧道拱顶垂直压力分布

需要指出的是，通用荷载结构模型在隧道拱顶和仰拱 2 点分别对应 2

个水平压力值,即:$e_1(y_{max})$ 和 $e_2(y_{max})$ 共点,$e_1(y_{min})$ 和 $e_2(y_{min})$ 共点,但 $e_1(y_{max}) \neq e_2(y_{max})$,$e_1(y_{min}) \neq e_2(y_{min})$,参见图 4.3.1。同样,通用荷载结构模型在隧道拱腰 2 点分别对应 2 个垂直压力值,上半部有垂直压力而下半部无垂直压力,在程序计算过程中需根据情况赋值。

为实现通用模型的参数化,计算程序需设置很多变量。为避免混淆,对各变量做统一说明,其中基本变量汇总如表 4.3.5 所示。限于篇幅,表中未反映其他相关变量。

表 4.3.5 VBA 编程设置基本变量汇总

序号	项目名称	符号	单位	变量名	备注
01	内圈节点横轴坐标	x_i	m	xi	内圈节点主要用于生成隧道衬砌模拟单元
02	内圈节点纵轴坐标	y_i	m	yi	
03	外圈节点横轴坐标	x_o	m	xo	外圈节点主要用于生成地层抗力模拟单元
04	外圈节点纵轴坐标	y_o	m	yo	
05	重力加速度	g	N/kg	ga	Gravity acceleration
06	衬砌弹性模量	E	N/mm^2	em	Elastic Modulus
07	衬砌材料密度	ρ	kg/m^3	dm	Material density
08	衬砌截面宽度	b	m	bs	Section width
09	衬砌截面高度	h	m	hs	Section height
10	地层抗力基准	k_0	kN/m^2	kb	
11	地层抗力参数	φ		la	$\varphi = L \cdot A$
12	围岩垂直压力	q	kN/m	qx	
13	围岩水平压力	e	kN/m	ey	
14	围岩径向压力	p	kN/m	pr	

除结构分析外,本章还根据《混凝土结构设计规范》(GB 50010—2010)

和《公路隧道设计细则》（JTG/T D70—2010）的相关公式编制了验算结构综合安全系数的程序，此处不再赘述。

4.4 综合安全系数

4.4.1 计算公式流程

参照《混凝土结构设计规范》（GB 50010—2010）和《公路隧道设计细则》（JTG/T D70—2010），隧道支护结构按承载能力极限状态校核时，可按综合安全系数法验算结构强度，结构强度应符合下式的要求。

$$KS \leqslant R(f_{ck}, f_{yk}, \cdots) \quad (4.4.1)$$

式中：K——综合安全系数；

S——荷载作用效应函数；

R——结构抗力效应函数，根据材料强度的实测值计算，若缺少实测值则采用标准值或极限值计算，本章计算采用混凝土轴心抗压强度标准值和普通钢筋屈服强度标准值。

本节未注明符号意义同《混凝土结构设计规范》（GB 50010—2010）（以下简称"砼规"）。

隧道衬砌承受弯矩 M、轴力 N 和剪力 Q 等内力的综合作用。多数情况下，控制衬砌结构承载能力极限状态验算的是弯矩 M 和轴力 N，为简明起见，本节选择验算正截面承载能力极限状态，按下式计算。

$$K = M_u/M \quad (4.4.2)$$

式中：M_u——衬砌受弯承载力极限值（kN·m）；

M——衬砌计算弯矩（kN·m）。

隧道衬砌综合安全系数计算流程如图 4.4.1 所示。

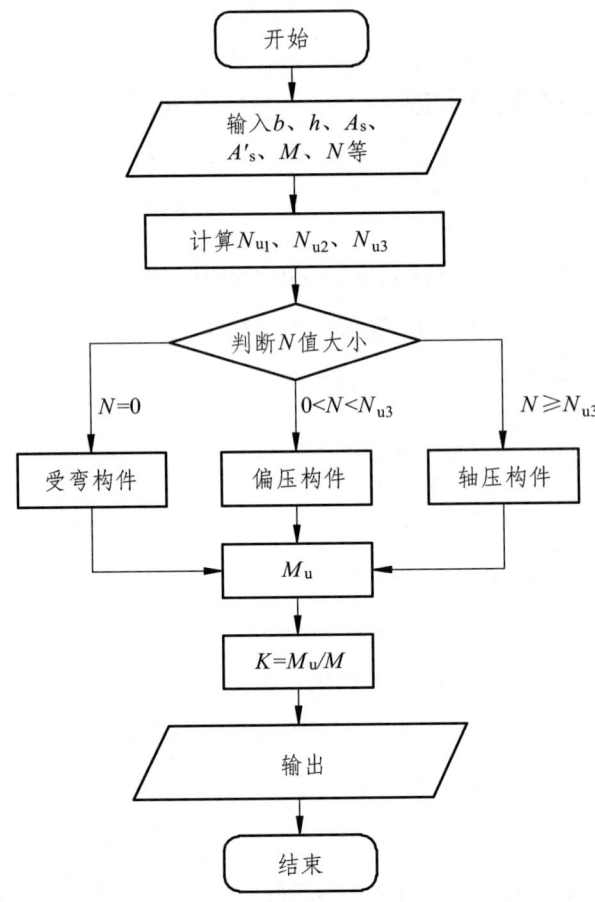

图 4.4.1 隧道衬砌综合安全系数计算流程

上图中相关的计算公式和内容如下：

$$N_{u1} = \alpha_1 f_{ck} bh_0 \xi_b + f_{yk} A'_s - f_{yk} A_s \qquad (4.4.3)$$

$$N_{u2} = f_{ck} bh \qquad (4.4.4)$$

$$N_{u3} = 0.9\varphi(f_{ck} bh + f_{yk} A'_s + f_{yk} A_s) \qquad (4.4.5)$$

（1）若 $N = 0$，则为受弯构件。

$$x = \frac{f_{yk}A_s - f_{yk}A'_s}{\alpha_1 f_{ck} b} \tag{4.4.6}$$

$$M_u = \begin{cases} f_{yk}A_s(h_0 - a') & (x < 2a') \\ \alpha_1 f_{ck} bx\left(h_0 - \dfrac{x}{2}\right) + f_{yk}A'_s(h_0 - a') & (2a' \leqslant x \leqslant \xi_b h_0) \end{cases} \tag{4.4.7}$$

《砼规》6.2.10 尚应符合 $x \geqslant 2a'$（6.2.10-4），而按《砼规》6.2.14 条："当计算中计入纵向普通受压钢筋时，应满足本规范公式（6.2.10-4）的条件；当不满足此条件时，正截面受弯承载力应符合下列规定……"。若不计入 A'_s，且 $x < 2a'$，该怎么处理？《砼规》未做相关说明。笔者理解《砼规》的言下之意是，若不计入 A'_s，则 $x < 2a'$ 是不可能出现的，否则意味着钢筋太少，是"少筋梁"。故此改为：当 $x < 2a'$ 时，按《砼规》式（6.2.14），该式的本质是未计入受压钢筋的作用，也就是说，当 $x < 2a'$ 时，不考虑受压钢筋的作用，否则按《砼规》式（6.2.10-1）。下述大偏心受压构件同理。

若 $x > \xi_b h_0$，则 A_s 偏大。

（2）若 $0 < N \leqslant N_{u1}$，则为大偏心受压构件。

$$x = \frac{f_{yk}A_s - f_{yk}A'_s + N}{\alpha_1 f_{ck} b} \tag{4.4.8}$$

$$M_u = \begin{cases} f_{yk}A_s(h_0 - a') + N\left(\dfrac{h}{2} - a' - e_a\right) & (x < 2a') \\ \alpha_1 f_{ck} bx\left(h_0 - \dfrac{x}{2}\right) + f_{yk}A'_s(h_0 - a') - N\left(h_0 - \dfrac{h}{2} + e_a\right) & (2a' \leqslant x \leqslant \xi_b h_0) \end{cases}$$
$$\tag{4.4.9}$$

若 $x > \xi_b h_0$，则 A_s 偏大。

（3） $N_{u1} < N \leqslant N_{u2}$，则为小偏心受压构件。

$$x = \frac{\dfrac{-\beta_1}{\xi_b - \beta_1} f_{yk} A_s - f_{yk} A'_s + N}{\alpha_1 f_{ck} b - \dfrac{f_{yk} A_s}{(\xi_b - \beta_1) h_0}} \quad (4.4.10)$$

$$M_u = \alpha_1 f_{ck} bx \left(h_0 - \frac{x}{2}\right) + f_{yk} A'_s (h_0 - a') - N\left(h_0 - \frac{h}{2} + e_a\right) \quad (x > \xi_b h_0) a \quad (4.4.11)$$

若 $x \leqslant \xi_b h_0$，则 A_s 偏小。

（4） $N_{u2} < N < N_{u3}$，亦为小偏心受压构件。

$$M_u = \min \begin{pmatrix} \alpha_1 f_{ck} bx \left(h_0 - \dfrac{x}{2}\right) + f_{yk} A'_s (h_0 - a') - N\left(h_0 - \dfrac{h}{2} + e_a\right) \\ f_{ck} bh \left(\dfrac{h}{2} - a'\right) + f_{yk} A_s (h_0 - a') + N\left(\dfrac{h}{2} - a' - e_a\right) \end{pmatrix} \quad (x > \xi_b h_0) \quad (4.4.12)$$

x 按式（4.4.10）计算，若 $x \leqslant \xi_b h_0$，则 A_s 偏小。

本条根据《砼规》式（6.2.17-5），当偏心距很小时，为防止 A_s 产生受压破坏，但本条有可能存在一个不连续的问题，从而影响计算结果，即当 $N = N_{u2}$ 时，理论上要求按式（4.4.11）和式（4.4.12）计算的结果是一致的，这显然是不能完全实现的。但由于在计算过程中尚未出现此问题，因此本文暂略过不提。

（5）若 $N \geqslant N_{u3}$，则为轴心受压构件。

$$M_u = 0 \quad (4.4.13)$$

4.4.2 结构评定类别

现行《公路隧道养护技术规范》（JTG H12—2015）将隧道结构的技术

状况分为 1~5 类，具体如表 4.4.1 所示。目前尚无相关文献论述隧道结构的技术状况与综合安全系数的对应关系，且从下表可以看出，上述分类是比较模糊的概念，相对而言，1 类和 5 类的区分度略高。鉴于上述情况，为便于分析，在现阶段不妨参照相关规范对综合安全系数的有关规定，设定隧道结构安全系数与评定类别之间的对应关系如表 4.4.1 所示。

表 4.4.1 隧道结构安全系数与评定类别的对应关系

评定类别	结构状态	破损程度	发展趋势	对交通安全的影响	综合安全系数
1 类	完好状态	无异常情况		无影响	$K > 2.0$
2 类	轻微破损	轻微破损	趋于稳定	不会有影响	$1.0 < K \leqslant 2.0$
3 类	中等破损	存在破坏	发展缓慢	可能影响	
4 类	严重破损	较严重破坏	发展较快	已经影响	
5 类	危险状态	严重破坏	发展迅速	已经危及	$K \leqslant 1.0$

4.5 算例及分析

4.5.1 计算方法

1. 结构内力计算

隧道结构内力计算采用 ANSYS 有限元分析软件，以 beam54 梁单元模拟隧道结构，以 LINK10 单拉或单压杆单元模拟地层抗力作用，有限元模型如图 4.5.1 所示。

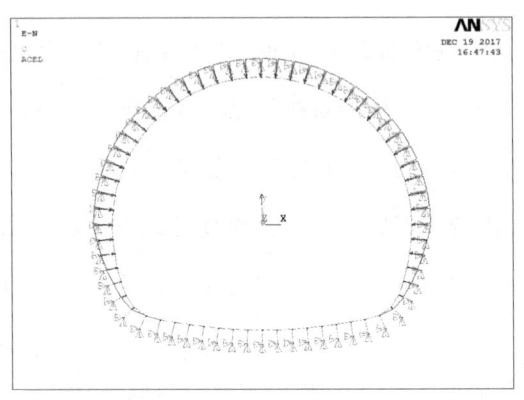

图 4.5.1 隧道有限元模型

按上述均衡数学模型的理论,隧道任一点的围岩压力和地层抗力均可按随机函数取值,但由于有限元模型划分节点相对较多,相邻节点之间距离也很小,如此必然导致小范围数据的突变和大范围数据的平衡。其一,小范围数据的突变与隧道的实际情况不符,一般而言,隧道的围岩压力和地层抗力分布是渐变的;其二,大范围数据的平衡不利于分析对称性的影响,与本章研究目标相悖。鉴于上述问题,于隧道断面选取拱顶、拱肩、拱腰、拱脚、仰拱等特征位置共 8 处,如图 4.5.2 所示。特征位置处的围岩压力和地层抗力采用随机函数取值,特征位置之间的相关参数则按线性变化。

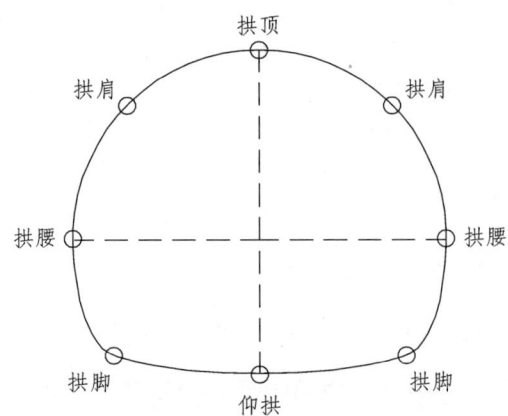

图 4.5.2 隧道断面特征位置

2. 综合安全系数计算

综合安全系数计算利用 EXCEL 内嵌的 VBA 编程实现，以结构内力计算的结果作为输入条件，并结合结构设计相关参数，求得综合安全系数，计算参数和计算结果均可以图表反映。

3. 数据处理

本章分析涉及大量的结构内力计算和数据处理，仅仅通过 ANSYS 软件实现较为困难，至少对笔者而言，而 Excel 在数据处理方面有非常突出的优点，因此通过 Excel 内嵌的 VBA 编程，生成 ANSYS 的 APDL 代码，在 ANSYS 分析完成后，调用 ANSYS 后处理数据。此方法既便于计算参数输入，也便于结果数据处理，能提高工作效率。

4.5.2 主要计算参数

计算包括结构内力分析和强度验算，内力分析所需参数主要包括围岩压力基准值 q_b 和地层抗力基准值 k_b，强度验算所需参数（包括截面宽度 b、截面高度 h，结构配筋 A_s、A_s'，混凝土轴心抗压强度标准值和普通钢筋屈服强度标准值 f_{ck} 等）根据钢筋混凝土结构设计确定。为便于分析，上述参数按照某工程施工设计图的 V 级围岩地段选取。

1. 围岩压力基准值

根据《公路隧道设计规范》（JTG D70—2004），V 级深埋隧道的垂直均布压力（松散荷载）为

$$q = \gamma h = 0.45 \times 2^{s-1} \times \gamma\omega = 0.45 \times 2^{5-1} \times 20 \times 1.6 = 230.4 \,(\text{kPa})$$

不妨按二衬分担 70% 的松散荷载考虑，围岩压力基准值为

$$q_b = 0.7q = 0.7 \times 230.4 = 161.3 \,(\text{kPa})$$

2. 地层抗力基准值

根据《公路隧道设计细则》（JTG/T D70—2010）表 6.4.3-1，不妨选取地层抗力基准值为

$$k_b = 150 \text{（MPa/m）}$$

3. 计算参数汇总

表 4.5.1　计算参数汇总

序号	名称	单位	数量	备注
1	围岩压力基准值 q_b	kPa	161.3	
2	地层抗力基准值 k_b	MPa/m	150.0	
3	混凝土的弹性模量 E_c	×10⁴ N/mm²	3.0	混凝土强度等级 C30
4	截面宽度 b	mm	1 000.0	
5	截面高度 h	mm	450.0	
6	截面配筋 A_s	mm²	1 900.7	主筋 ⌀22@200
7	截面配筋 A'_s	mm²	1 900.7	主筋 ⌀22@200
8	混凝土轴心抗压强度标准值 f_{ck}	N/mm²	20.1	混凝土强度等级 C30
9	普通钢筋屈服强度标准值 f_{yk}	N/mm²	400.0	钢筋牌号 HRB400

4.5.3　计算结果分析

1. 基本情况说明

总共计算 189 种工况，工况之间的区别在于不同的围岩压力分布或地层抗力分布。由于本章研究旨在探索尚不能深入，故主要分析两类情况：其一，围岩压力随机分布而地层抗力特定分布；其二，围岩压力特定分布而地层抗力随机分布。围岩压力和地层抗力均随机分布的情况相对复杂，本阶段研究暂未考虑。

按各工况相应的围岩压力分布和地层抗力分布，计算衬砌弯矩分布和轴力分布以及相应的安全系数的分布情况，进而研究围岩压力或地层抗力

分布特征（平均值、变异系数、失衡系数）与结构最小安全系数之间的关系。围岩压力、地层抗力、衬砌弯矩、衬砌轴力及安全系数分布的具体内容如图 4.5.3～4.5.6 所示，其中节点编号 0、8、16、23、31 分别对应于拱顶、拱肩、拱腰、拱脚和仰拱等位置（负号表示对称位置），参见图 4.5.2。图 4.5.3 中，竖轴表示围岩压力或地层抗力与相应基准值的比值。另外，为简化起见，图 4.5.6 未反映 $K > 50$ 的情况。

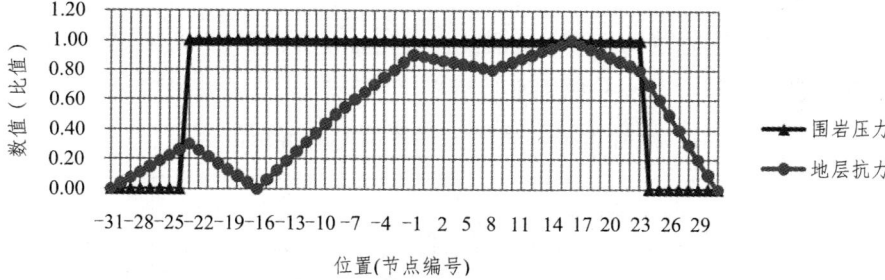

图 4.5.3　围岩压力与地层抗力分布

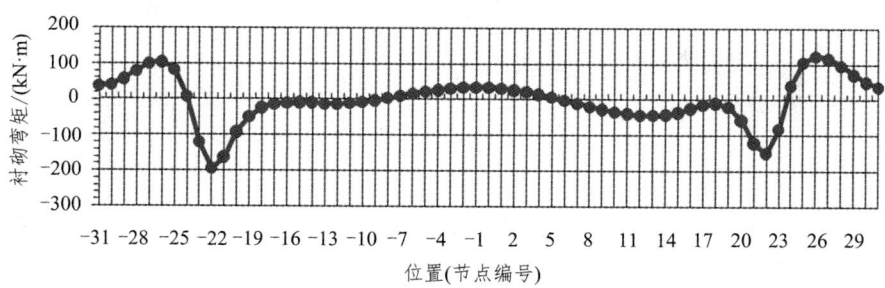

图 4.5.4　衬砌弯矩分布

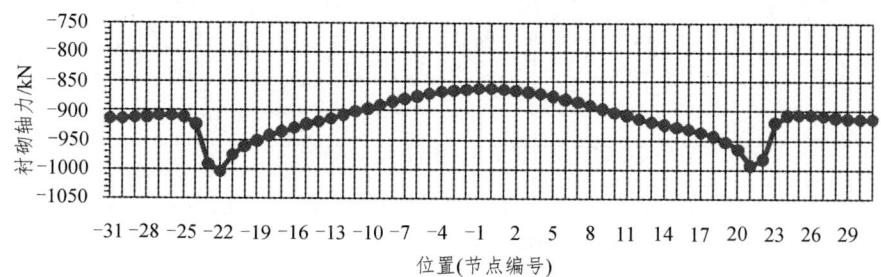

图 4.5.5　衬砌轴力分布

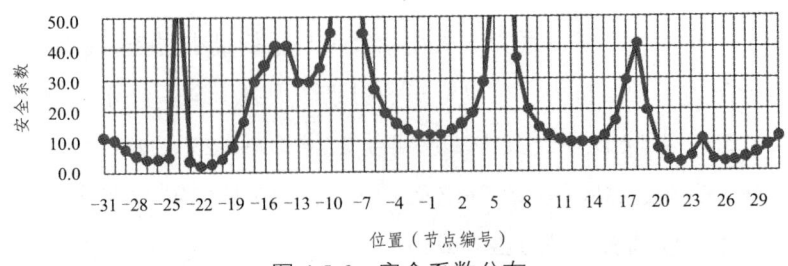

图 4.5.6 安全系数分布

2. 围岩压力随机分布

针对围岩压力随机分布而地层抗力特定分布的情况,为便于对比分析,所有工况的地层抗力统一按基准值满布考虑。计算结果如图 4.5.7~4.5.9 所示。图 4.5.7 中,横轴表示围岩压力平均值与基准值的比值。

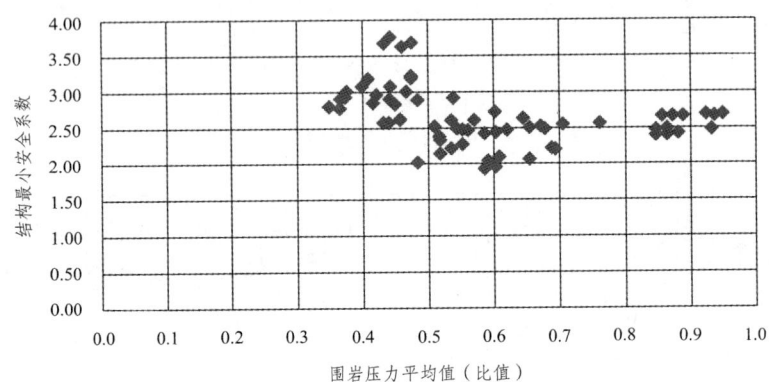

图 4.5.7　$\bar{q}$-K_{min} 关系散点图

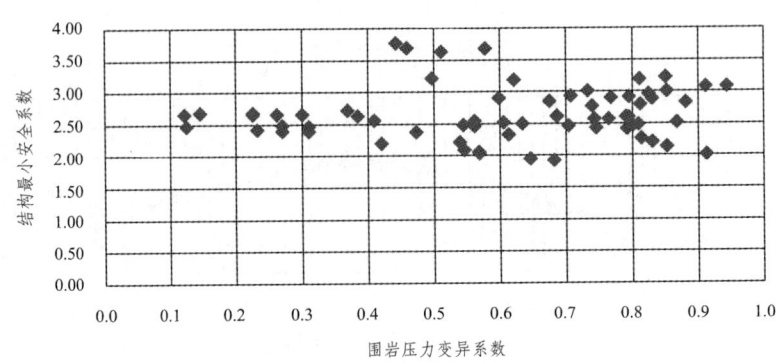

图 4.5.8　$C \cdot V_q$-K_{min} 关系散点图

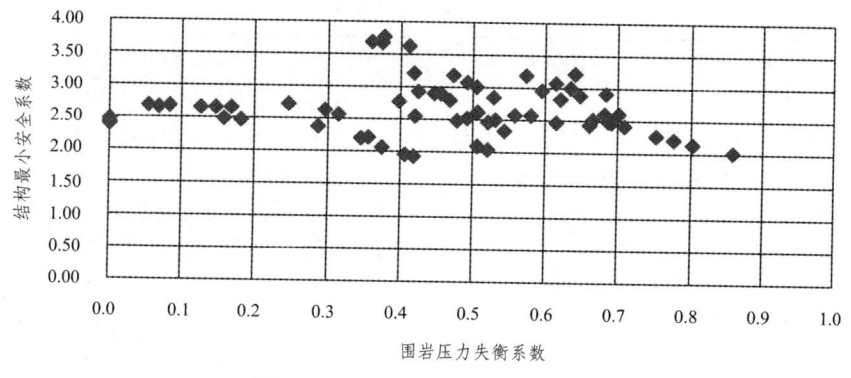

图 4.5.9　$C \cdot \phi_q$-$K_{\min}$ 关系散点图

由图 4.5.7~4.5.9 可以看出，在围岩压力随机分布而地层抗力按基准值满布的情况下，隧道结构最小安全系数与围岩压力平均值、变异系数和失衡系数等统计量无明显的相关性。在工况样本范围内，结构最小安全系数几乎都在 2.0~3.5 范围内波动，结构技术状况评定类别为 1 类。因此，可认为围岩压力变化对隧道结构的安全性影响不大。但必须指出，此处围岩压力是松动压力而非形变压力亦非全部压力，即便围岩压力（松动压力）随机变化，但足够的地层抗力在一定程度能平衡其不利作用，仍可保障隧道结构的安全。其实际的工程意义在于：（1）地质条件的好坏是隧道结构安全性的先决条件，地质条件好则能提供足够的地层抗力系数；（2）衬砌背后围岩的密实性是隧道结构安全性的有力保障，后期注浆填充是提高围岩密实性的有效途径，或许增加了局部位置的围岩压力，但在一定范围内不至于降低结构安全系数。

有少数工况的结构最小安全系数 $K_{\min} > 3.5$，取其中一例（工况编号：f4441）与围岩压力按基准值满布的工况（工况编号：f0001）对比，具体内容如表 4.5.2 所示。

表 4.5.2 工况对比

项目	工况 f0001	工况 f4441
工况说明	围岩压力按基准值满布；地层抗力按基准值满布	围岩压力平均值(比值) $\bar{q}=0.441$，变异系数 $C \cdot V_q = 0.443$，失衡系数 $C \cdot \phi_q = 0.377$；地层抗力按基准值满布
围岩压力分布		
衬砌弯矩分布		
衬砌轴力分布		

续表

项目	工况 f0001	工况 f4441
衬砌变形分布	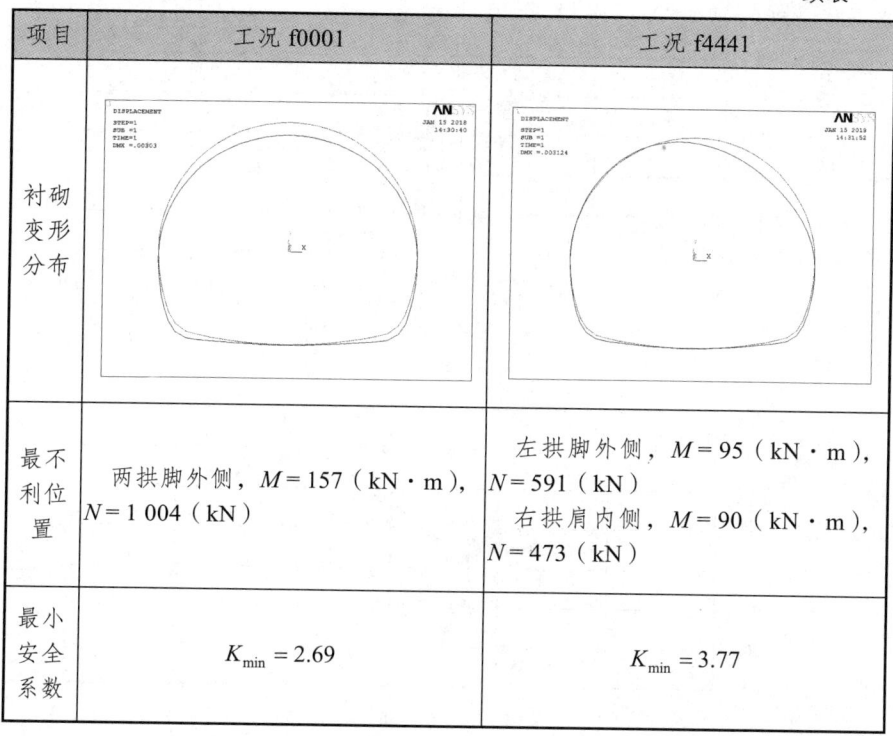	
最不利位置	两拱脚外侧，$M=157$（kN·m），$N=1\,004$（kN）	左拱脚外侧，$M=95$（kN·m），$N=591$（kN） 右拱肩内侧，$M=90$（kN·m），$N=473$（kN）
最小安全系数	$K_{\min}=2.69$	$K_{\min}=3.77$

由表 4.5.2 可以看出，隧道衬砌内力分布和变形分布与围岩压力分布的规律相符。与工况 f0001（围岩压力按基准值满布）相比，工况 f4441 的最小安全系数略有增大，但最不利位置由 1 处（拱脚外侧）增至 2 处（左拱脚外侧和右拱肩内侧），且与拱脚位置相比，拱肩位置钢筋混凝土的浇筑质量较难得到保证，所以应尽量避免围岩压力分布不均匀的情况。

3. 地层抗力随机分布

针对围岩压力特定分布而地层抗力随机分布的情况，为便于对比分析，所有工况的围岩压力统一按基准值满布考虑。计算结果如图 4.5.10～4.5.12 所示，图 4.5.10 中，横轴表示地层抗力平均值与基准值的比值。

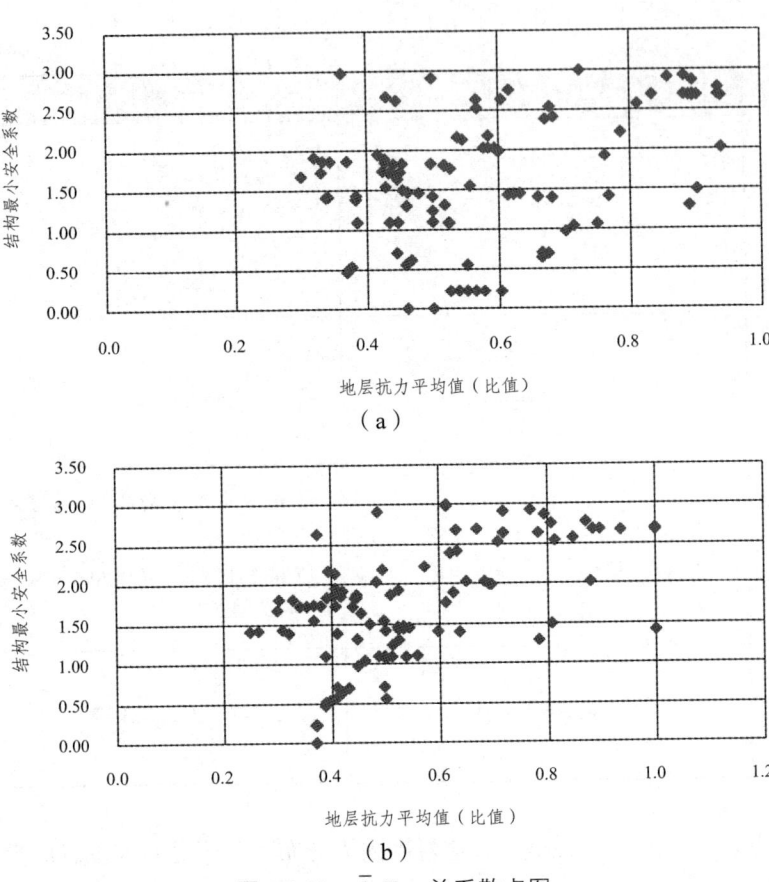

（a）

（b）

图 4.5.10 $\bar{k}\text{-}K_{min}$ 关系散点图

（a）

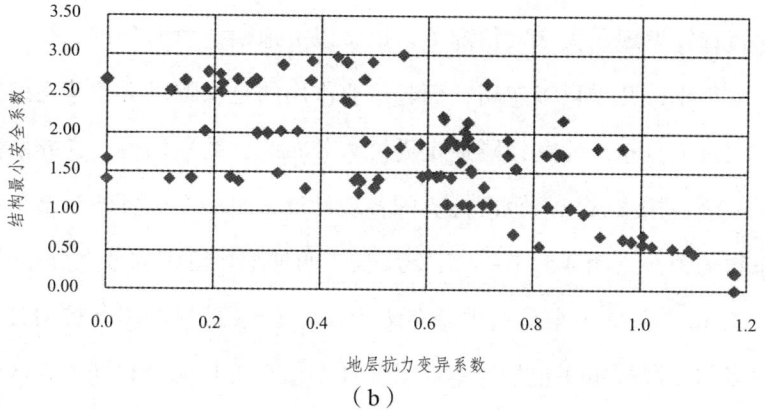

（b）

图 4.5.11　$C \cdot V_k$-$K_{\min}$ 关系散点图

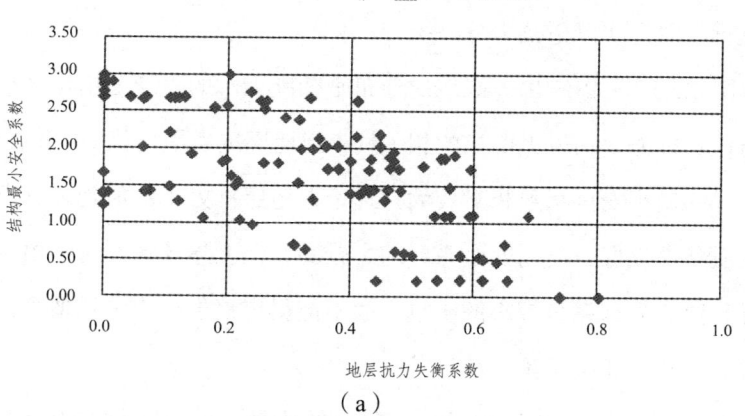

（a）

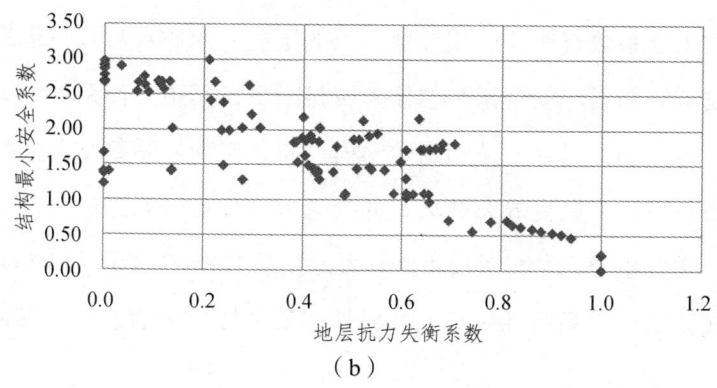

（b）

图 4.5.12　$C \cdot \phi_k$-$K_{\min}$ 关系散点图

通过计算发现，大多数情况下，拱腰以上地层抗力的分布对结构安全性的影响很小，几乎可以忽略，而起主要作用的是拱腰以下尤其是拱脚范围的地层抗力分布。比起按隧道全周抗力分布统计的平均值、变异系数和失衡系数等，按拱腰以下范围计算的各统计量，更能准确反映与结构最小安全系数的关系，图4.5.10~4.5.12反映了两种统计范围的散点分布差异，其中的图（a）按隧道全周抗力分布统计，图（b）按拱腰以下抗力分布统计，两者的工况样本（包括样本数量和样本信息）是完全相同的，区别仅在于各关系散点图横轴坐标值源自的统计范围，后面的相关分析均按图（b）进行，即拱腰以下抗力分布统计。

由图4.5.10可以看出，散点的分布是杂乱无章的，隧道结构最小安全系数与地层抗力平均值无明显的相关性，当地层抗力平均值（比值）>0.7，部分工况的最小安全系数相对较大，理论上地层抗力平均值越大，意味着总体地质条件较好，结构安全系数随之较高，但上述计算亦可能由于相应的变异系数或失衡系数较小的缘故，故不能得出地层抗力平均值直接影响最小安全系数的相关结论。

由图4.5.11、4.5.12可以看出，隧道结构最小安全系数与地层抗力变异系数和失衡系数有明显的相关性，当地层抗力变异系数和失衡系数增大时，隧道结构最小安全系数总体上明显减少，其中失衡系数的影响趋势相对更为显著。另外，从均衡数学模型看，若变异系数小则失衡系数小，若失衡系数大则变异系数大。此处选取两种比较典型的工况（平均值和变异系数相同，失衡系数相差较大，工况编号：k5501和k5541）对比，旨在说明变异系数和失衡系数对结构安全性的影响差异，具体内容如表4.5.3所示。

表 4.5.3 工况对比

项目	工况 k5501	工况 k5541
工况说明	围岩压力按基准值满布；地层抗力平均值（比值）$\bar{k}=0.500$，变异系数 $C \cdot V_k = 0.470$，失衡系数 $C \cdot \phi_k = 0.000$	围岩压力按基准值满布；地层抗力平均值（比值）$\bar{k}=0.500$，变异系数 $C \cdot V_k = 0.470$，失衡系数 $C \cdot \phi_k = 0.430$
地层抗力分布		
衬砌弯矩分布		
衬砌轴力分布		

续表

项目	工况 k5501	工况 k5541
衬砌变形分布		
最不利位置	两拱脚外侧，$M=144$（kN·m），$N=941$（kN）	左拱脚外侧，$M=301$（kN·m），$N=1\,031$（kN）
最小安全系数	$K_{\min}=2.91$	$K_{\min}=1.41$

由上表可以看出，隧道衬砌内力分布和变形分布与围岩压力分布的规律相符，尽管两者的地层抗力平均值和变异系数相同，但与工况 k5501（地层抗力系数对称分布）相比，工况 k5541（隧道左侧地层抗力系数较小而右侧较大）的各种力学行为表现为明显的不对称性，这种不对称性在一定程度上降低了结构的安全性。鉴于上述情况，在分析地层抗力分布特征与结构最小安全系数的关系时，若失衡系数较小，则宜兼顾变异系数；若失衡系数较大，则以失衡系数为主。

采用模糊统计方法可得隧道结构评定类别关于地层抗力变异系数或失衡系数的隶属函数关系和图形，如表 4.5.4、4.5.5 和图 4.5.13、4.5.14 所示。

表 4.5.4 评定类别隶属度与变异系数关系

序号	变异系数分组	1 类频率	2~4 类频率	5 类频率
1	$0.0 \leqslant C \cdot V_k \leqslant 0.1$	0.75	0.25	0.00
2	$0.1 < C \cdot V_k \leqslant 0.2$	0.71	0.29	0.00
3	$0.2 < C \cdot V_k \leqslant 0.3$	0.67	0.33	0.00
4	$0.3 < C \cdot V_k \leqslant 0.4$	0.63	0.38	0.00
5	$0.4 < C \cdot V_k \leqslant 0.5$	0.55	0.45	0.00
6	$0.5 < C \cdot V_k \leqslant 0.6$	0.25	0.75	0.00
7	$0.6 < C \cdot V_k \leqslant 0.7$	0.17	0.83	0.00
8	$0.7 < C \cdot V_k \leqslant 0.8$	0.13	0.80	0.07
9	$0.8 < C \cdot V_k \leqslant 0.9$	0.10	0.70	0.20
10	$0.9 < C \cdot V_k \leqslant 1.0$	0.00	0.40	0.60
11	$1.0 < C \cdot V_k \leqslant 1.1$	0.00	0.00	1.00
12	$1.1 < C \cdot V_k \leqslant 1.2$	0.00	0.00	1.00

表 4.5.5 评定类别隶属度与失衡系数关系

序号	失衡系数分组	1 类频率	2~4 类频率	5 类频率
1	$0.0 \leqslant C \cdot \phi_k \leqslant 0.1$	0.77	0.23	0.00
2	$0.1 < C \cdot \phi_k \leqslant 0.2$	0.75	0.25	0.00
3	$0.2 < C \cdot \phi_k \leqslant 0.3$	0.64	0.36	0.00
4	$0.3 < C \cdot \phi_k \leqslant 0.4$	0.20	0.80	0.00
5	$0.4 < C \cdot \phi_k \leqslant 0.5$	0.10	0.90	0.00
6	$0.5 < C \cdot \phi_k \leqslant 0.6$	0.09	0.91	0.00
7	$0.6 < C \cdot \phi_k \leqslant 0.7$	0.06	0.81	0.13
8	$0.7 < C \cdot \phi_k \leqslant 0.8$	0.00	0.33	0.67
9	$0.8 < C \cdot \phi_k \leqslant 0.9$	0.00	0.00	1.00
10	$0.9 < C \cdot \phi_k \leqslant 1.0$	0.00	0.00	1.00

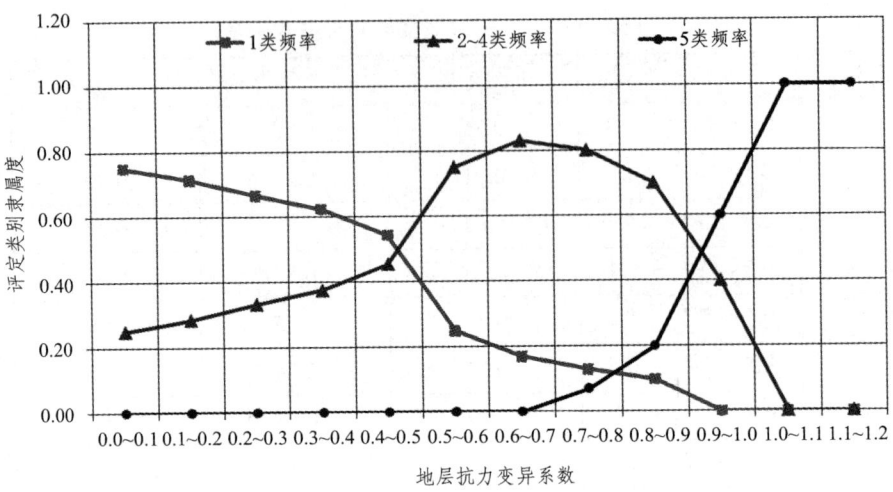

图 4.5.13 评定类别隶属度与变异系数关系

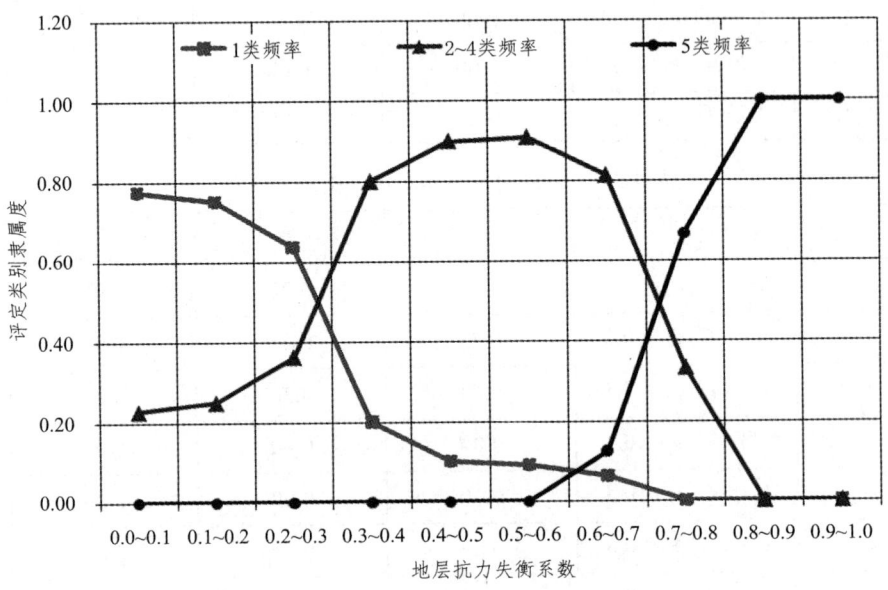

图 4.5.14 评定类别隶属度与失衡系数关系

由图 4.5.13、4.5.14 可以看出,为保障隧道结构的安全性,宜令地层抗力变异系数 $C \cdot V_k \leqslant 0.5$ 和失衡系数 $C \cdot \phi_k \leqslant 0.3$,此时 1 类频率高于 2~4

类频率,且 5 类频率为 0;勿使 $C \cdot V_k > 0.7$ 或 $C \cdot \phi_k > 0.6$,此时 1 类频率较低,且 5 类频率不为 0。

4.6 本章小结

本章研究尝试结合力学分析和模糊评价的方法,提出了均衡评估模型,旨在探索隧道物理力学参数分布特征与结构安全性之间的关系。研究表明:

(1)采用均衡模型评估隧道健康状况是行之有效的,该模型通过隧道围岩压力和地层抗力分布的均匀性和平衡性,来推断或评价隧道健康状况,概念比较清晰且具有较强的针对性。

(2)本章研究主要设置两个变量,即隧道的围岩压力(松动压力)和地层抗力。在保障足够地层抗力均布的前提下,围岩压力分布不均衡对隧道结构安全性影响不大,而地层抗力分布的均衡性对隧道结构安全性的影响比较显著。

(3)本章研究主要采用两个统计指标,即变异系数和失衡系数,来界定参数分布的均衡程度。当地层抗力变异系数和失衡系数增大时,隧道结构最小安全系数总体上明显减少,其中失衡系数的影响趋势更为显著。

(4)大多数情况下,拱腰以上地层抗力的分布对结构安全性的影响很小,几乎可以忽略,因此按拱腰以下范围计算的变异系数和失衡系数,更能准确反映与结构最小安全系数的关系。

(5)为保障隧道结构的安全性,宜令地层抗力变异系数 $C \cdot V_k \leqslant 0.5$ 和失衡系数 $C \cdot \phi_k \leqslant 0.3$,勿使 $C \cdot V_k > 0.7$ 或 $C \cdot \phi_k > 0.6$。

本章研究尚处于探索阶段,同时限于笔者水平而在某些方面未能深入,包括:围岩压力和地层抗力均随机分布的情况;隧道结构的技术状况与综合安全系数的对应关系;足够的、符合实际的和具代表性的工况样本等。

第 5 章

结 语

5.1 本阶段主要结论

本项目研究的主要内容包括三个方面：现行养护规范研读、模糊数学方法研究和均衡健康模型探索。主要研究结论如下：

（1）现行养护规范关于隧道健康评估的方法，是一种定性结合定量的方法，但主要还是以单纯的现象分析、经验类比为依据。它倾向以局部的最不利状况来评价隧道的整体，不太符合我们的认知习惯。另外，现行行业规范关于各分项的评定标准，基本上是定性的技术状况描述，也有少数补充了参考的量化标准，其中有些定性的描述是很难分辨的，这给现场的技术人员带来了不少的困难。

（2）模糊评判法比较适用于评价隧道健康状况，与《规范》评分相比，它具有更为严谨的数学表述，是未来努力的方向。从实用性的角度，模糊评估在因素权重、技术标准和隶属函数等方面还需深入研究。模糊评判比较适用于"不甚明确"的健康状况，比如说《规范》提倡的预防性养护所涉及的范畴，对病害比较严重的情况，采用模糊评判是没有太大意义的。

（3）采用均衡模型评估隧道健康状况是行之有效的，该模型通过隧道围岩压力和地层抗力分布的均匀性和平衡性，来推断或评价隧道健康状况，概念比较清晰且具有较强的针对性。在保障足够地层抗力均布的前提下，围岩压力分布不均衡对隧道结构安全性影响不大，而地层抗力分布的均衡性对隧道结构安全性的影响比较显著。为保障隧道结构的安全性，宜令拱腰以上地层抗力变异系数 $C \cdot V_k \leq 0.5$ 和失衡系数 $C \cdot \phi_k \leq 0.3$，勿使 $C \cdot V_k > 0.7$ 或 $C \cdot \phi_k > 0.6$。

5.2 下一步研究方向

限于研究的程度和笔者的知识水平,本项目研究在某些方面未能深入,在此提出来作为下一步工作的建议和参考。

(1)在模糊数学方法研究中,参照《规范》内容构建了隧道衬砌的健康评价体系,拟定了相应的评价指标,但未深入研究评价体系的合理性和评价指标的准确性。结合具体案例进行了模糊评判的计算,但未针对其中的权重比例和单因素评判矩阵做深入分析。另外,从实用性角度,建议深入研究单因素的隶属函数。

(2)在均衡健康模型探索中,未考虑围岩压力和地层抗力均随机分布的情况,未深入研究隧道结构的技术状况与综合安全系数的对应关系。下一步建议搜集足够的、符合实际的、具代表性的工况样本。另外,本阶段研究采用荷载结构模型,主要参数属外部荷载,下阶段可考虑反映材料劣化的均衡健康模型,还可进行地层结构模型的相关尝试。

参考文献

[1] 重庆市交通委员会. 公路隧道养护技术规范：JTG H12—2015[S]. 北京：人民交通出版社，2015.

[2] 重庆市交通委员会. 公路隧道养护技术规范：JTG H12—2003[S]. 北京：人民交通出版社，2003.

[3] 河南交通投资集团有限公司，河南高速公路发展有限公司，河南中原高速公路股份有限公司，等. 高速公路隧道预防性养护技术规范：DB 41/T 896—2014[S]. 北京：人民交通出版社，2014.

[4] 河南省交通运输厅公路管理局，河南省交通规划设计研究院股份有限公司. 普通干线公路隧道预防性养护技术规范：DB 41/T 1353—2016[S]. 北京：人民交通出版社，2016.

[5] 重庆交通科研设计院. 公路隧道设计规范：JTG D70—2004[S]. 北京：人民交通出版社，2004.

[6] 中交第二公路勘察设计研究院有限公司. 公路隧道设计细则：JTG/T D70—2010[S]. 北京：人民交通出版社，2010.

[7] 中华人民共和国合同法住房和城乡建设部. 混凝土结构设计规范：GB 50010—2010[S]. 北京：中国建筑工业出版社，2010.

[8] 中冶建筑研究总院有限公司. 混凝土结构耐久性修复与防护技术规程：JGJ/T 259—2012[S]. 北京：中国建筑工业出版社，2012.

[9] 重庆市交通委员会工程质量安全监督局. 高速公路隧道建成早期衬砌裂损预防与处治技术指南[M]. 北京：人民交通出版社，2016.

[10] 谢季坚, 刘承平. 模糊数学方法及其应用[M]. 4 版. 武汉: 华中科技大学出版社, 2012.

[11] 肖盛燮, 王平义, 吕恩琳. 模糊数学在土木与水利工程中的应用[M]. 北京: 人民交通出版社, 2004.

[12] 关宝树. 隧道力学概论[M]. 成都: 西南交通大学出版社, 1993.

[13] 关宝树. 隧道工程维修管理要点集[M]. 北京: 人民交通出版社, 2004.

[14] 龙驭球, 包世华. 结构力学教程[M]. 北京: 高等教育出版社, 1994.

[15] 叶英. 运营隧道管养指南[M]. 北京: 人民交通出版社, 2013.

[16] 程文瀼, 王铁成, 颜德姮. 混凝土结构设计原理[M]. 5 版. 北京: 中国建筑工业出版社, 2012.

[17] 龚曙光, 谢桂兰, 黄云清. ANSYS 参数化编程与命令手册[M]. 北京: 机械工业出版社, 2009.

[18] 刘海京. 公路隧道健康诊断计算模型研究[D]. 上海: 同济大学, 2007.

[19] 罗鑫. 公路隧道健康状态诊断方法及系统的研究[D]. 上海: 同济大学, 2007.

[20] 李明. 山岭隧道与地下工程健康评价理论研究及应用[D]. 成都: 西南交通大学, 2011.

[21] 张素磊. 隧道衬砌结构健康诊断及技术状况评定研究[D]. 北京: 北京交通大学, 2012.

[22] 李讯. 公路隧道结构安全与健康状态标识系统研究[D]. 成都: 西南交通大学, 2014.

[23] 陈洪凯, 李明. 隧道与地下工程健康研究及防治理念[J]. 地下空间与工程学报, 2007 (02): 213-217.

[24] 陈洪凯，李明. 公路隧道健康研究现状与趋势[J]. 公路，2005（12）：203-208.

[25] 陈洪凯，李明. 公路隧道健康诊断与控制综述[J]. 重庆交通学院学报，2006,（2）：11-16.

[26] 丁浩. 公路隧道养护标准化探讨[C]. 中国公路学会养护与管理分会第六届学术年会论文集（上卷），2016：23-29.

[27] 丁浩，张琦，刘永华，等. 我国公路隧道养护工程技术与管理技术之思考[J]. 公路隧道，2015（01）：1-5.

[28] 丁浩，张琦，刘永华，等. 隧道养护技术之关键问题[J]. 中国公路，2015（05）：90-91.

[29] 关宝树. 日本铁路隧道维修养护管理技术的现状[J]. 隧道译丛，1993（06）：1-8.

[30] 关宝树，高波. 地下结构剩余寿命评估方法研究的现状和发展[J]. 西部探矿工程，1994，6（4）：12-16.

[31] 关宝树. 日本水工隧洞健全度的判定[J]. 隧道译丛，1993,（06）：9~13.

[32] 洪开荣. 我国隧道及地下工程发展现状与展望[J]. 隧道建设，2015，35（02）：95-107.

[33] 胡珉，张明正，施永泉，等. 基于大数据的公路隧道养护决策[J]. 土木建筑工程信息技术，2016，8（01）：48-52.

[34] 黄靓，鲁懿虬，徐紫鹏. 对钢筋混凝土偏压构件承载力计算公式的修正建议[J]. 工程力学，2012，29（06）：169-175.

[35] J.A.RICHARDS. Inspection Maintenance and Repair of Tunnels: International Lessons and Practice[J]. Tunneling and Underground Space Technology, 1998, 13（4）：369-375.

[36] 姜松湖,关宝树. 铁路隧道病害(变异)诊断专家系统[J]. 隧道与地下工程, 1992 (12): 192-195.

[37] 蒋树屏. 我国公路隧道建设技术的现状及展望[J]. 交通世界, 2003 (z1): 22-27.

[38] 李健,乔墩,林志. 解读2015版《公路隧道养护技术规范》[J]. 养护与管理, 2015 (03): 20-22.

[39] 李玉文. 四川公路隧道的现状与展望[J]. 西南公路, 2009 (04): 1-5.

[40] 李玉文,唐协,张兆杰. 公路隧道病害与防治对策[J]. 西南公路, 2016 (02): 35-41.

[41] 李治国,张玉军. 衬砌开裂隧道的稳定性分析及治理技术[J]. 现代隧道技术, 2004, 41 (1): 26-31.

[42] 李明. 隧道衬砌背后空洞健康判据试验研究[J]. 重庆交通大学学报(自然科学版), 2011, 30 (3): 398-402.

[43] 李明,陈洪凯. 隧道健康动态评价模型与应用[J]. 重庆大学学报, 2011, 34 (02): 142-148.

[44] 李明,陈洪凯. 隧道衬砌厚度不足的健康判据试验研究[J]. 岩土力学. 2011, 32 (s1): 570-577.

[45] 李明,陈洪凯,段怀志. 隧道健康判据试验研究[J]. 中国公路学报, 2011, 24 (04): 70-79.

[46] 李讯,何川,汪波,等. 营运期隧道结构健康监测与安全评价研究[J]. 现代隧道技术, 2008, 45 (s1): 289-294.

[47] 李廷高,张宇,梁春雨. 基于Ansys的水工隧洞复杂断面衬砌结构计算方法研究[J]. 陕西水利, 2017 (02): 122-124.

[48] 刘学增,刘文艺,桑运龙,等. 隧道不同损伤状态二次衬砌预养护试验研究[J]. 同济大学学报(自然科学版), 2015, 43 (05): 706-713.

[49] 曲海锋，杨重存，朱合华，等. 公路隧道围岩压力研究与发展[J]. 地下空间与工程学报，2007（03）：536-543.

[50] 宋瑞刚，张顶立. "接触问题"引起的隧道病害分析[J]. 中国地质灾害与防治学报，2004，15（4）：69-72.

[51] 王洪德，高秀鑫. 高速公路隧道健康诊断及预警的模糊神经网络方法[J]. 中国安全科学学报，2014，24（02）：9-15.

[52] 王解存. 加强隧道预防性养护管理的措施分析[J]. 科技视界，2016（12）：210.

[53] 王少飞，林志，蒙华. 公路隧道养护分级研究[J]. 公路，2014，59（06）：273-277.

[54] 王亚琼，周绍文，孙铁军，等. 基于非对称贴近度的在役隧道衬砌结构健康诊断方法[J]. 现代隧道技术，2015，52（02）：52-58.

[55] 吴贤国，吴克宝，沈梅芳，等. 基于云模型的运营隧道结构健康安全评价[J]. 中国安全生产科学技术，2016，12（05）：73-79.

[56] 谢巍，杨开云，刘东常. 利用Excel二次开发技术进行ANSYS数据后处理[J]. 华北水利水电学院学报，2008（05）：65-66.

[57] 杨建国，谢永利. 高速公路隧道养护管理刍议[J]. 交通企业管理，2009（5）：52-53.

[58] 张学兵，邓寿昌，杨永友，等. 偏心受压构件正截面承载力统一计算公式研究[J]. 低温建筑技术，2004（01）：31-33.

[59] 洪开荣. 我国隧道及地下工程近两年的发展与展望[J]. 隧道建设，2017，37（02）：123-134.

[60] ERAUD J. SNCF policy in the field of inspection maintenance and renewal of tunnel[J]. Travaux，1984，585：28-38.

[61] 吴成三. 德国铁路隧道的无损和无接触的检查方法[J]. 铁道建筑，1993（03）：13-15.

[62] H H Mo, J S CHEN.Study on inner force and dislocation of segments caused by shield machine attitude[J]. Tunnelling and Underground Space Technology, 2008, 23, (03): 281-291.

[63] 彭跃, 王桂林, 张永兴, 等. 衬砌背后空洞对在役隧道结构安全性影响研究[J]. 地下空间与工程学报, 2008, 4 (06): 1101-1104.

[64] 秦洲. 六盘山隧道结构病害健康诊断及其处治技术研究[D]. 西安: 长安大学, 2013.

[65] 孟庆威. 衬砌病害对在役隧道安全性的影响分析及评价[D]. 沈阳: 东北大学, 2013.

[66] 刘学增, 包浩杉, 周敏. 纵向裂缝对隧道钢筋混凝土衬砌结构影响的试验[J]. 上海交通大学学报, 2012, 46 (3): 441-445.

[67] 刘新根, 刘学增, 齐磊, 等. 公路隧道衬砌病害力学模拟研究[J]. 重庆交通大学学报（自然科学版）, 2015, 34 (3): 26-31.

[68] 孙可, 张巍, 朱守兵, 等. 盾构隧道健康监测数据的模糊层次分析综合评价方法[J]. 防灾减灾工程学报, 2015, 35 (06): 769-776.

[69] 兔炯睿. 基于可拓层次分析法的隧道病害评估方法及应用[J]. 施工技术, 2015 (s2): 396-399.

[70] 苏亮亮, 尹训强. 基于灰色定权聚类的公路隧道结构健康评估[J]. 大连大学学报, 2016, 37 (6): 21-26.

[71] 傅鹤林, 黄震, 黄宏伟, 等. 基于云理论的隧道结构健康诊断方法[J]. 工程科学学报. 2017 (05): 794-801.

附录 A VBA 程序代码

一、模糊数学方法的判断矩阵

```vba
Private Sub CommandButton3_Click()

Dim n As Integer
Dim g(1 To 11, 1 To 11) As Single
Dim a(1 To 11, 1 To 11) As Single
Dim w(1 To 11) As Single
Dim lam As Single
Dim c As Single
Dim cr As Single
Dim sig_gj(1 To 11) As Single
Dim sig_ai(1 To 11) As Single
Dim sig_a As Single
Dim gw(1 To 11) As Single
Dim r(1 To 11) As Single

n = Cells(1, 3)

For i = 1 To n
  For j = 1 To n
    If i < j Then
      If Cells(j + 1, i + 2) = 0 Then
        Cells(i + 1, j + 2) = 0
```

```
      Else
          Cells(i + 1, j + 2) = 1 / Sheet3.Cells(j + 1, i + 2)
        End If
      End If
      g(i, j) = Cells(i + 1, j + 2)
    Next
  Next
  '0 判断空缺项
  For j = 1 To n
    For i = 1 To n
      If g(i, j) = 0 Then
        g(j, j) = g(j, j) + 1
        Cells(j + 1, j + 2) = g(j, j)
      End If
    Next
  Next
  '1 计算特征向量
  '1.1 求 sig_gj
  For j = 1 To n
    sig_gj(j) = 0
    For i = 1 To n
      sig_gj(j) = sig_gj(j) + g(i, j)
    Next
  Next
  '1.2 求 a
  For i = 1 To n
    For j = 1 To n
```

```
      a(i, j) = g(i, j) / sig_gj(j)
    Next
  Next
'1.3 求 sig_ai
For i = 1 To n
  sig_ai(i) = 0
  For j = 1 To n
    sig_ai(i) = sig_ai(i) + a(i, j)
  Next
Next
'1.4 求 sig_a
sig_a = 0
For i = 1 To n
  sig_a = sig_a + sig_ai(i)
Next
'1.5 求 w
For i = 1 To n
  w(i) = sig_ai(i) / sig_a
Next
'1.6 输出 w
For i = 1 To n
  Cells(13, i + 2) = w(i)
Next
'2 计算 λmax
'2.1 求 gw
For i = 1 To n
  gw(i) = 0
```

```
    For j = 1 To n
      gw(i) = gw(i) + g(i, j) * w(j)
    Next
  Next
'2.2 求 λmax
lam = 0
For i = 1 To n
  lam = lam + 1 / n * gw(i) / w(i)
Next
'2.3 输出 λmax
Cells(14, 3) = lam
'3 计算 c
'3.1 求 c
c = (lam - n) / (n - 1)
'3.2 输出 c
Cells(15, 3) = c
'4 计算 cr
'4.1 赋值 r
r(3) = 0.58
r(4) = 0.9
r(5) = 1.12
r(6) = 1.24
r(7) = 1.32
r(8) = 1.41
r(9) = 1.45
r(10) = 1.49
r(11) = 1.51
```

```vba
'4.2 求 cr
If n > 2 Then
    cr = c / r(n)
Else
    cr = 0
End If
'4.3 输出 cr
Cells(16, 3) = cr
If cr < 0.1 Then
    MsgBox "cr=" & cr & "<0.1, 合格"
Else
    MsgBox "cr=" & cr & ">=0.1, 请调整判断矩阵"
End If

End Sub
```

二、结构内力计算

```vba
Private Sub CommandButton1_Click()

Dim ga As Single
Dim em As Single
Dim dm As Single
Dim bs As Single
Dim kb As Single

ga = Cells(2, 4)
em = Cells(3, 4)
```

```
    dm = Cells(4, 4)
    bs = Cells(5, 4)
    kb = Cells(6, 4)

    Dim n As Integer
    n = Application.WorksheetFunction.Max(Range("e2:e999"))

    Dim xi(999) As Single
    Dim yi(999) As Single
    Dim xo(999) As Single
    Dim yo(999) As Single
    Dim hs(999) As Single
    Dim rc(999) As Single
    Dim qx(999) As Single
    Dim ey(999) As Single

    For i = 1 To n
      xi(i) = Cells(i + 1, 6)
      yi(i) = Cells(i + 1, 7)
      xo(i) = Cells(i + 1, 8)
      yo(i) = Cells(i + 1, 9)
      hs(i) = Cells(i + 1, 10)
      rc(i) = Cells(i + 1, 11)
      qx(i) = Cells(i + 1, 12)
      ey(i) = Cells(i + 1, 13)
    Next
```

```
Dim aos(999) As Single '衬砌截面面积
Dim ios(999) As Single '衬砌截面惯性矩

For i = 1 To n
  aos(i) = bs * hs(i)
  ios(i) = 1 / 12 * bs * hs(i) ^ 3
Next

Dim f1i(999) As Single '单元I端1向分布荷载
Dim f1j(999) As Single '单元J端1向分布荷载
Dim f2i(999) As Single '单元I端2向分布荷载
Dim f2j(999) As Single '单元J端2向分布荷载
Dim aoe(999) As Single '单元方位角

xi(n + 1) = xi(1)
yi(n + 1) = yi(1)
For i = 1 To n
   aoe(i) = Application.WorksheetFunction.Atan2(xi(i + 1) - xi(i), yi(i + 1) - yi(i))
Next

Dim qi As Single
Dim qj As Single
Dim ei As Single
Dim ej As Single

qx(n + 1) = qx(1)
```

```
For i = 1 To n
  If qx(i) * qx(i + 1) = 0 Then
    qi = 0
    qj = 0
  Else
    qi = qx(i)
    qj = qx(i + 1)
  End If
  ei = ey(i)
  If xi(i + 1) = 0 Then
    If xi(i) < 0 Then
      ej = Application.InputBox("请输入 e1(ymax),单位: kN/m", "输入提示", , , , , 1)
    Else
      ej = Application.InputBox("请输入 e2(ymin),单位: kN/m", "输入提示", , , , , 1)
    End If
  End If
  f1i(i) = ei * Sin(aoe(i)) * Sin(aoe(i)) + qi * Cos(aoe(i)) * Cos(aoe(i))
  f1j(i) = ej * Sin(aoe(i)) * Sin(aoe(i)) + qj * Cos(aoe(i)) * Cos(aoe(i))
  f2i(i) = ei * Sin(aoe(i)) * Cos(aoe(i)) - qi * Cos(aoe(i)) * Sin(aoe(i))
  f2j(i) = ej * Sin(aoe(i)) * Cos(aoe(i)) - qj * Cos(aoe(i)) * Sin(aoe(i))
Next
```

```vba
    Filename = Application.GetSaveAsFilename(ThisWorkbook.
Path,FileFilter:="Text Files (*.txt), *.txt")
    Open Filename For Output As #1

    Print #1, "finish"
    Print #1, "/clear"
    Print #1, "keyw,pr_struc,1"
    Print #1, "*dim,mn,array," & n
    Print #1, "*dim,nn,array," & n
    Print #1, "/prep7"
    Print #1, "et,1,beam54"
    Print #1, "mp,ex,1," & em
    Print #1, "mp,dens,1," & dm
    aos(n + 1) = aos(1)
    ios(n + 1) = ios(1)
    hs(n + 1) = hs(1)
    For i = 1 To n
       Print #1, "r," & i & "," & aos(i) & "," & ios(i) &
"," & hs(i) / 2 & "," & hs(i) / 2 & "," & aos(i + 1) &
"," & ios(i + 1) & "," & hs(i + 1) / 2 & "," & hs(i + 1)
/ 2
    Next
    Print #1, "et,2,link10"
    Print #1, "mp,ex,2," & kb
    Print #1, "mp,dens,2,0"
    Print #1, "keyopt,2,3,1"
```

```
For i = 1 To n
   Print #1, "r," & i + n & "," & 0.5 * rc(i)
Next
For i = 1 To n
   Print #1, "n," & i & "," & xi(i) & "," & yi(i)
   Print #1, "n," & i + n & "," & xo(i) & "," & yo(i)
Next
Print #1, "type,1"
Print #1, "mat,1"
For i = 1 To n - 1
   Print #1, "real," & i
   Print #1, "e," & i & "," & i + 1
Next
Print #1, "real," & n
Print #1, "e," & n & ",1"
Print #1, "type,2"
Print #1, "mat,2"
For i = 1 To n
   Print #1, "real," & i + n
   Print #1, "e," & i & "," & i + n
Next
Print #1, "/solu"
Print #1, "antype,static"
Print #1, "nsel,s,node,," & n + 1 & "," & 2 * n
Print #1, "d,all,ux,0,,,,,uy"
Print #1, "acel,0," & ga & ",0"
For i = 1 To n
```

```
        Print #1, "esel,s,elem,," & i
        Print #1, "sfbeam,all,1,pres," & f1i(i) & "," & 
f1j(i)
        Print #1, "sfbeam,all,2,pres," & f2i(i) & "," & 
f2j(i)
    Next
    Print #1, "allsel"
    Print #1, "solve"
    Print #1, "/post1"
    Print #1, "etable,ni,smisc,1"
    Print #1, "etable,nj,smisc,7"
    Print #1, "etable,qi,smisc,2"
    Print #1, "etable,qj,smisc,8"
    Print #1, "etable,mi,smisc,6"
    Print #1, "etable,mj,smisc,12"
    Print #1, "*vget,mn(1),elem,1,etab,mi"
    Print #1, "*vget,nn(1),elem,1,etab,ni"
    Print #1, "*voper,mn(1),mn(1),mult,0.001"
    Print #1, "*voper,nn(1),nn(1),mult,0.001"
    Print #1, "*cfopen," & Left(Filename, Len(Filename) 
- 4) & "a,txt"
    Print #1, "*vwrite,mn(1),nn(1)"
    Print #1, "(f9.0,f9.0)"
    Print #1, "*cfclos"
    
    Close #1
    End Sub
```

三、综合安全系数

```
Private Sub CommandButton1_Click()

Dim m(1 To 62) As Single
Dim n(1 To 62) As Single
Dim b(1 To 62) As Single
Dim h(1 To 62) As Single
Dim a(1 To 62) As Single
Dim aa(1 To 62) As Single
Dim a_s(1 To 62) As Single
Dim a_sa(1 To 62) As Single
Dim f_ck(1 To 62) As Single
Dim f_yk(1 To 62) As Single
Dim k(1 To 62) As Single

For i = 1 To 62
  m(i) = Sheet2.Cells(i + 1, 1) * 10 ^ 6
  n(i) = Sheet2.Cells(i + 1, 2) * 10 ^ 3
  b(i) = Sheet2.Cells(i + 1, 3)
  h(i) = Sheet2.Cells(i + 1, 4)
  a(i) = Sheet2.Cells(i + 1, 5)
  aa(i) = Sheet2.Cells(i + 1, 6)
  a_s(i) = Sheet2.Cells(i + 1, 7)
  a_sa(i) = Sheet2.Cells(i + 1, 8)
  f_ck(i) = Sheet2.Cells(i + 1, 9)
  f_yk(i) = Sheet2.Cells(i + 1, 10)
Next
```

```vba
    Dim m_u As Single
    Dim n_u1 As Single
    Dim n_u2 As Single
    Dim n_u3 As Single
    Dim alp_1 As Single
    Dim xi_b As Single
    Dim phi As Single
    
    alp_1 = 1  '混凝土强度等级不超过C50
    bet_1 = 0.8  '混凝土强度等级不超过C50
    f_y = 360  '普通钢筋抗拉强度设计值
    e_s = 2 * 10 ^ 5  'HRB400
    eps_cu = 0.0033  '取最大值
    xi_b = bet_1 / (1 + f_y / e_s / eps_cu)  '有屈服点普通钢筋
    phi = 1  '长细比很小
    
    For i = 1 To 62
        h_0 = h(i) - a(i)
        n_u1 = alp_1 * f_ck(i) * b(i) * h_0 * xi_b + f_yk(i) * a_sa(i) - f_yk(i) * a_s(i)
        n_u2 = f_ck(i) * b(i) * h(i)
        n_u3 = 0.9 * phi * (f_ck(i) * b(i) * h(i) + f_yk(i) * a_sa(i) + f_yk(i) * a_s(i))
        If n(i) = 0 Then
            x = (f_yk(i) * a_s(i) - f_yk(i) * a_sa(i)) / alp_1 / f_ck(i) / b(i)
```

```
        If x < 2 * aa(i) Then
            m_u = f_yk(i) * a_s(i) * (h_0 - aa(i))
        ElseIf x <= xi_b * h_0 Then
            m_u = alp_1 * f_ck(i) * b(i) * x * (h_0 - x / 2)
 + f_yk(i) * a_sa(i) * (h_0 - aa(i))
        Else
            MsgBox "As 偏大"
        End If
    ElseIf n(i) <= n_u1 Then
        e_a = Application.WorksheetFunction.Max(20, h(i)
 / 30)
        x = (f_yk(i) * a_s(i) - f_yk(i) * a_sa(i) + n(i))
 / alp_1 / f_ck(i) / b(i)
        If x < 2 * aa(i) Then
            m_u = f_yk(i) * a_s(i) * (h_0 - aa(i)) + n(i) *
 (h(i) / 2 - aa(i) - e_a)
        ElseIf x <= xi_b * h_0 Then
            m_u = alp_1 * f_ck(i) * b(i) * x * (h_0 - x / 2)
 + f_yk(i) * a_sa(i) * (h_0 - aa(i)) - n(i) * (h_0 - h(i)
 / 2 + e_a)
        Else
            MsgBox "As 偏大"
        End If
    ElseIf n(i) <= n_u2 Then
        e_a = Application.WorksheetFunction.Max(20, h(i)
 / 30)
        x = (-bet_1 / (xi_b - bet_1) * f_yk(i) * a_s(i)
```

```
            - f_yk(i) * a_sa(i) + n(i)) / (alp_1 * f_ck(i) * b(i) -
f_yk(i) * a_s(i) / (xi_b - bet_1) / h_0)
                If x <= xi_b * h_0 Then
                    MsgBox "As 偏小"
                Else
                    m_u = alp_1 * f_ck(i) * b(i) * x * (h_0 - x / 2)
+ f_yk(i) * a_sa(i) * (h_0 - aa(i)) - n(i) * (h_0 - h(i)
/ 2 + e_a)
                End If
            ElseIf n(i) < n_u3 Then
                e_a = Application.WorksheetFunction.Max(20, h(i)
/ 30)
                x = (-bet_1 / (xi_b - bet_1) * f_yk(i) * a_s(i)
- f_yk(i) * a_sa(i) + n(i)) / (alp_1 * f_ck(i) * b(i) -
f_yk(i) * a_s(i) / (xi_b - bet_1) / h_0)
                If x <= xi_b * h_0 Then
                    MsgBox "As 偏小"
                Else
                    m_u1 = alp_1 * f_ck(i) * b(i) * x * (h_0 - x /
2) + f_yk(i) * a_sa(i) * (h_0 - aa(i)) - n(i) * (h_0 -
h(i) / 2 + e_a)
                    m_u2 = f_ck(i) * b(i) * h(i) * (h(i) / 2 - aa(i))
+ f_yk(i) * a_s(i) * (h_0 - aa(i)) + n(i) * (h(i) / 2 -
aa(i) - e_a)
                    m_u = Application.WorksheetFunction.Max(m_u1,
m_u2)
                End If
```

```
    Else
      m_u = 0
    End If
    If m(i) = 0 Then
      k(i) = 100
    Else
      k(i) = m_u / m(i)
    End If
    Sheet2.Cells(i + 1, 11) = k(i)
  Next

End Sub
```

附录 B 部分隧道病害照片

图 1 上渔巴渡隧道路面开裂、衬砌开裂

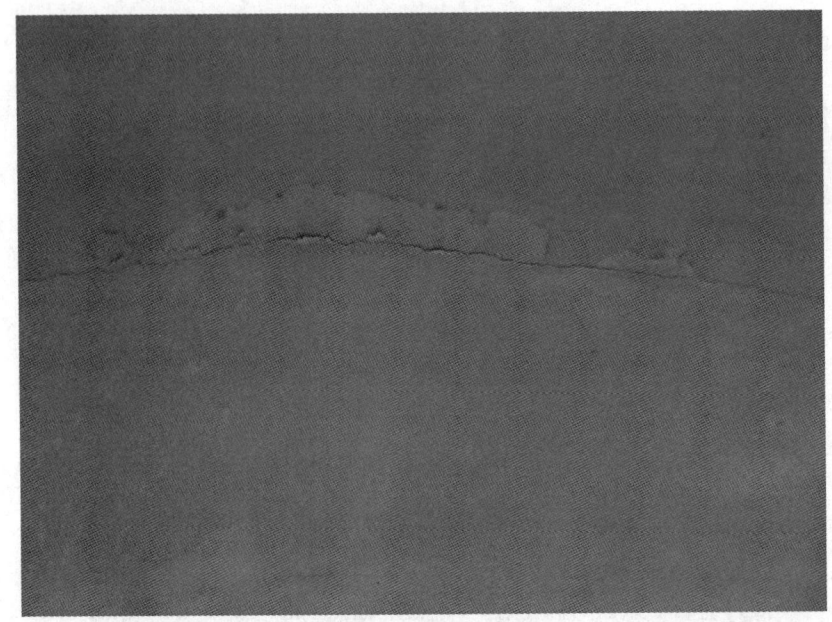

(a) 衬砌开裂、起层

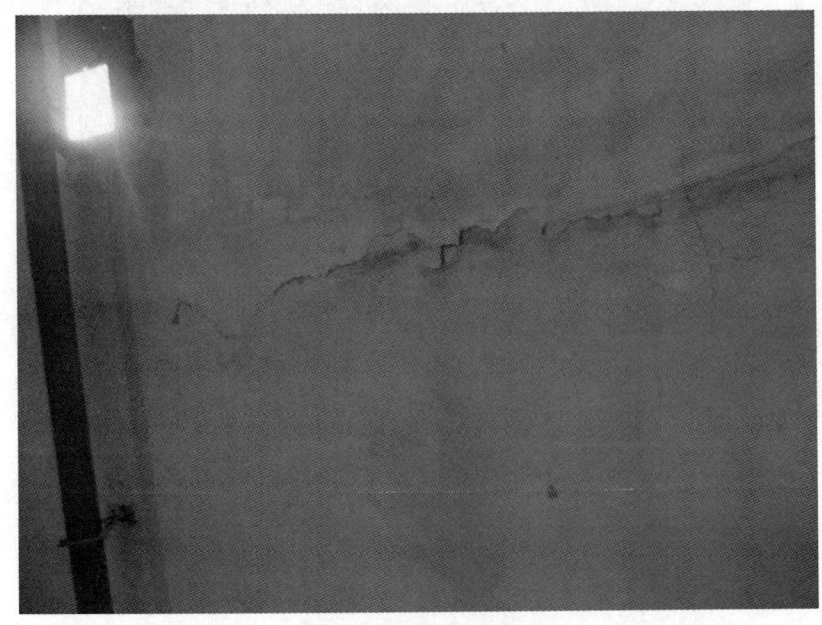

(b) 衬砌开裂、起层

(c) 渗水

图 2 中缅隧道

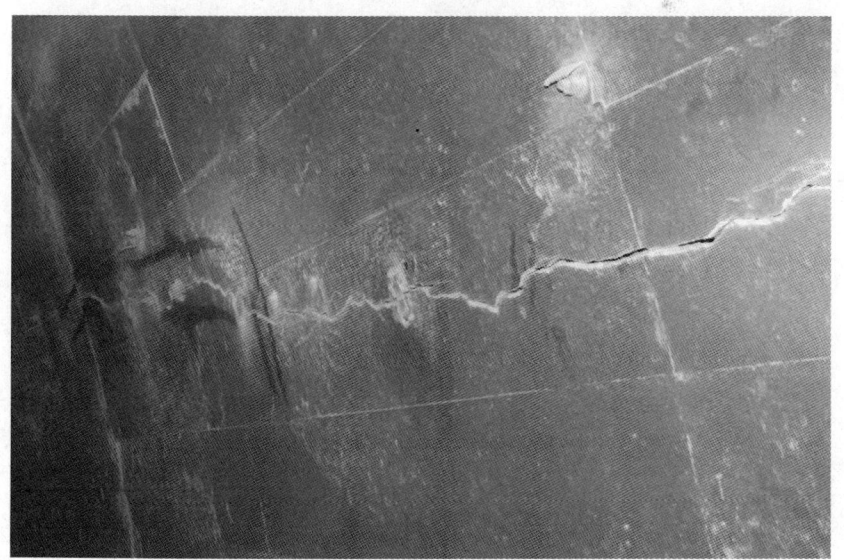

(a) 衬砌开裂

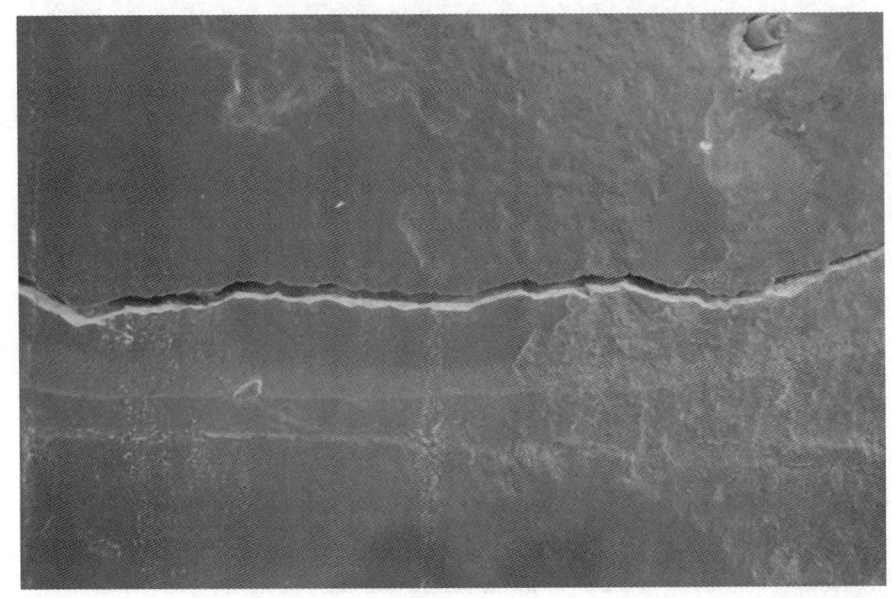

(b)衬砌开裂

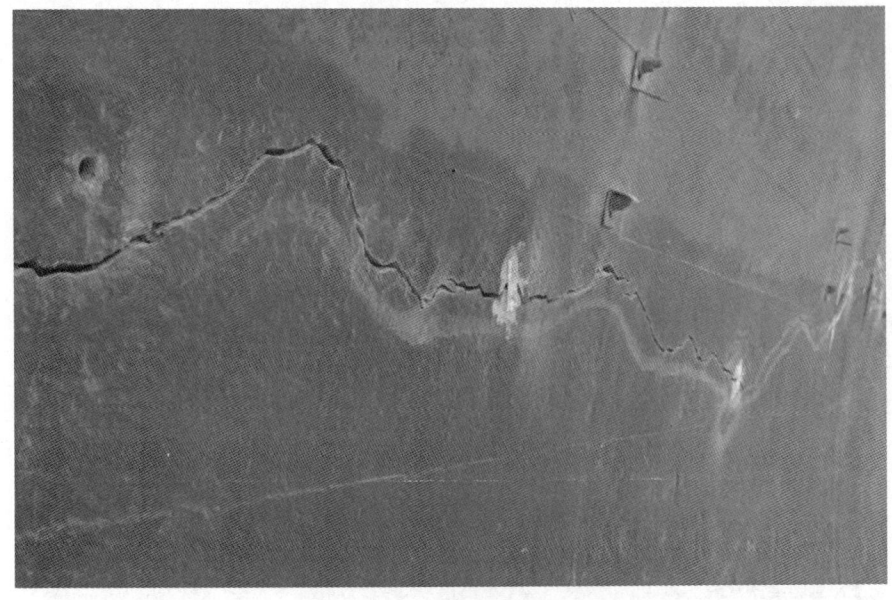

(c)衬砌开裂

(d)衬砌开裂

(e)衬砌开裂

(f)应急抢险

(g)应急抢险

(h)应急抢险

(i)应急抢险

(j) 隧道开裂、渗水

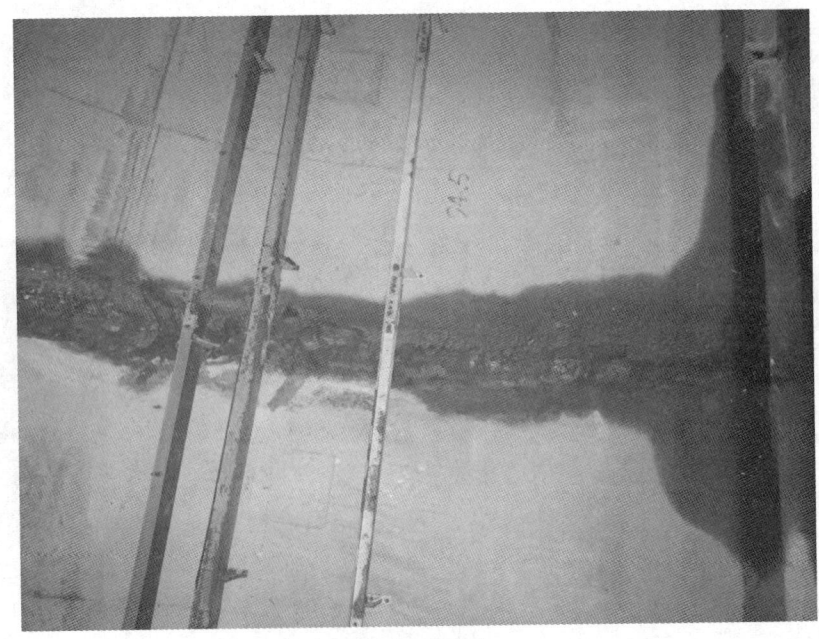

(k) 隧道渗水

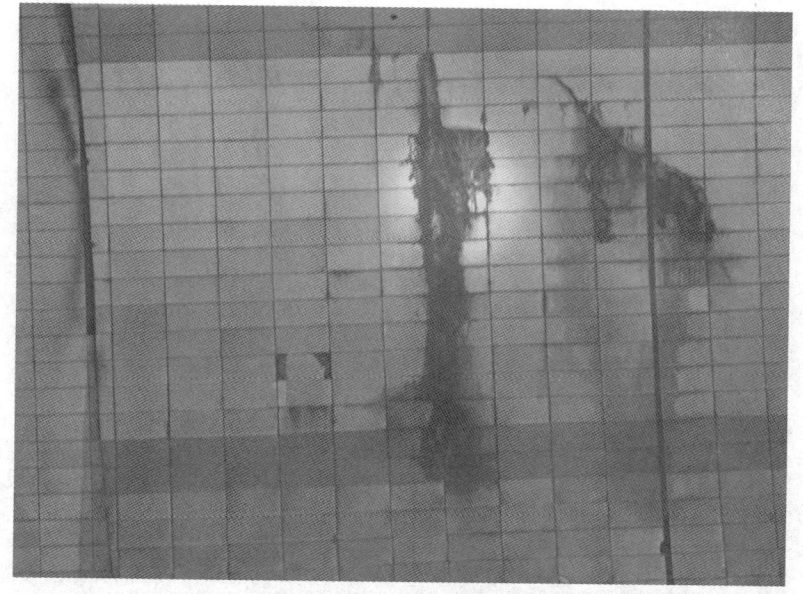

(l)隧道渗水

(m)隧道渗水

图 3 二郎山隧道

(a)拱顶喷射混凝土大面积剥落掉块

(b)钢架连接处扭曲变形折断

(c) 初支边墙变形侵限

(d) 仰拱填充开裂

图4 东马场1号隧道